J Thill

Die Eigentumsfrage im klassischen Altertum

J Thill

Die Eigentumsfrage im klassischen Altertum

ISBN/EAN: 9783743437845

Hergestellt in Europa, USA, Kanada, Australien, Japan

Cover: Foto ©ninafisch / pixelio.de

Weitere Bücher finden Sie auf **www.hansebooks.com**

Die

Eigentumsfrage im klassischen Altertum

von

Prof. Dr. J. THILL.

§ 1. — Die Eigentumsfrage eine Kardinalfrage der Gegenwart.

Die *soziale* Frage ist die Frage unserer Zeit. Sie überragt alle andern an Interesse und Bedeutung. Politische Fragen, Liebe oder Hafs entflammend, regen einzelne Völker und Nationen auf. Die soziale Frage ist nicht die Frage *eines* Volkes, *einer* Nation, sie ist eine *Welt* bewegende, sie ist die Frage « der *Gesellschaft* » und zwar in einer zweifachen Beziehung. « Einmal ihrer *Ausdehnung* nach berührt sie nicht blofs nationale Interessen, sie ist auch nicht auf den Umkreis eines Weltteiles beschränkt, sondern umspannt mit ihren Hoffnungen und Befürchtungen, wenn auch in sehr verschiedener Weise und in ungleicher Verteilung, das ganze Gebiet der menschlichen Gesellschaft ». [1]) Sie ist *international*, sie ist eine brennende Frage nicht blofs für England, Frankreich, Belgien und Deutschland, sie besteht nicht nur in Europa, auch an Amerika ist sie verderbendrohend herangetreten, wie es Macaulay in seinem Briefe an die « Times » vom 25. März 1857, in welchem er die Zukunft der Vereinigten Staaten bespricht, in beredten Worten vorhergesagt. [2])

1) Die Arbeiterfrage, von Theodor Meyer, Priester der Gesellschaft Jesu.

2) « So lange, schrieb damals Macaulay, ihr unermefsliche Strecken fruchtbarer und herrenloser Ländereien habt, werden euere Arbeiter zufriedener sein als die der alten Welt. Aber es wird die Zeit kommen, wo das neue England ebenso bevölkert sein wird wie das alte. Bei euch wird der Lohn fallen und denselben Schwankungen unterworfen sein wie bei uns. Ihr werdet euere Manchesters und euere Birminghams haben, in denen die Arbeiter, zu Hunderttausenden, mehr als einmal unbeschäftigt sein werden. Dann ist für euere Einrichtungen der grofse Tag der Prüfung gekommen. Die Not macht überall den Arbeiter mifsvergnügt und aufrührisch, wirft ihn dem Wühler in die Arme, der ihm das Ungerechte an jener Verteilung vorhält, infolge welcher der eine Millionen besitzt, während der andere nichts hat zu leben. In den schlechten Jahren gibt es bei uns laute Klagen und sogar einige Aufstände : aber die leidende Klasse ist nicht die regierende. Die höchste Gewalt ist in den Händen einer allerdings zahlreichen aber doch auserlesenen Klasse, der es darum zu thun ist, die Ordnung aufrechtzuhalten und das Eigentum zu schützen. So werden die Unzufriedenen in Schranken gehalten, und es kommt nicht vor, dafs man in Zeiten der Not die Reichen bestiehlt, um den Armen zu helfen ; die Quellen der nationalen Wohlfahrt eröffnen sich bald wieder : es findet sich wieder Arbeit, die Löhne steigen, alles wird wieder ruhig und zufrieden. Ich habe drei bis viermal England in solchen Prüfungen gesehen, und die Vereinigten Staaten werden deren änliche zu bestehen

Und innerhalb der Gesellschaft ist die soziale Frage eine Lebensfrage für *alle Stände*. Allerdings ruht an erster Stelle auf den *Besitzlosen* die drückende Last des Elends, das schwere Joch der Arbeit, weshalb man auch gewohnt ist, die soziale Frage nach ihrem nächsten Ziele und ihrer praktischen Seite als *Arbeiterfrage* zu bezeichnen, und von ihrer Lösung erwarten die Arbeiter alle Linderung ihrer Not, Aufbesserung ihrer Lage, ja, die meisten von ihnen malen sich ein Schlaraffenland aus, in dem sie bei einer leichten und angenehmen etwa dreistündigen Arbeitszeit [1]) alles im Überflufs geniefsen können. Indessen leiden auch die *Mittelstände* gar sehr unter der heutigen Gestaltung der sozialen Verhältnisse, und wenn schon Aristoteles [2]) die Vorzüge dieser Klasse für die Sicherheit und Festigkeit des Staatswesens aufs nachdrücklichste betont, dann soll ihre freie Entwicklung in keiner Weise gehemmt werden, dann soll der Staat ihr seinen wirksamen Schutz angedeihen lassen, dann soll die Gesellschaft eine *Reorganisation des Handwerker- und Bauernstandes* in Angriff nehmen. [3]) Endlich werden auch die höchsten Stände, und zwar nicht am wenigsten, durch die soziale Frage in Mitleidenschaft gezogen. Die *Magnaten des Kapitals* sollen die gröfste Schuld an dem sozialen Elend tragen, für das manche von ihnen kein menschliches Fühlen, kein erbarmendes Herz haben. Bange sehen sie darum auch der Zukunft entgegen, in der eine blutige Katastrophe von ihrem Besitze nichts als Trümmer zurücklassen oder eine friedliche Verständigung ihrer Herrschaft engere Grenzen stecken wird.

haben, im nächsten Jahrhundert, vielleicht auch schon in dem Jahrhundert, in dem wir leben. Und wie werdet ihr dieselben bestehen? Von ganzem Herzen wünsche ich, dafs der Ausgang für euch glücklich sei. Aber wenn ich alles überlege, kann ich nur das Schlimmste für euch befürchten.
Es ist sonnenklar, dafs euere Regierung nicht imstande sein wird, eine darbende und gereizte Volksmenge in Schranken zu halten. Denn bei euch ist die Regierung in den Händen der Massen, und die Reichen, welche die Minderheit bilden, sind ganz dem Gutdünken des Volkes anheimgegeben. Es wird im Staate New-York der Tag kommen, wo die hungernde Menge die Gesetzgeber nennen wird. Und welche unter solchen Umständen gewählt werden, läfst sich mit Sicherheit voraussagen. Zwei Kandidaten stehen sich gegenüber: der eine, ein Staatsmann, der zur Geduld und zur Heilighaltung der erworbenen Rechte mahnt; der andere, ein Demagog, der sich ereifert gegen die Tyrannei der Kapitalisten und Wucherer, der fragt, weshalb die einen Champagner trinken und in Wagen fahren, während so viele ehrliche Leute Mangel am Allernotwendigsten haben. Welcher von beiden wird wohl von dem Arbeiter vorgezogen werden, der eben den Hilferuf seiner Kinder gehört, die nach Brot verlangen? Ich fürchte sehr, dafs ihr alsdann etwas thun werdet, was die Wohlfahrt auf immer vernichten wird. Alsdann wird ein Cäsar oder Napoleon mit mächtiger Hand die Zügel der Regierung erfassen - oder euere Republik wird ebenso schrecklich geplündert und verheert werden im XX. Jahrhundert, wie das römische Reich von den Barbaren des V. Jahrhunderts, nur mit dem Unterschiede, dafs die Hunnen und Vandalen von aufsen über das römische Reich hereinbrachen, während bei euch die Kinder eueres Landes und euerer Einrichtungen sein werden. »
1) Bebel, die Frau, Stuttgart, Dietz 1891, S. 285 : « Eine dreistündige Arbeitszeit ist eher zu lang als zu kurz. » S. 265 : « Aber indem alle verpflichtet werden zu arbeiten, haben alle auch das gleiche Interesse, drei Bedingungen bei der Arbeit zu erreichen. Erstens : dafs die Arbeit mäfsig ist, keinen überanstrenge und in der Zeit sich nicht zu sehr ausdehne ; zweitens, dafs die Arbeit möglichst angenehm und reichlichste Abwechslung bietet ; drittens, dass sie möglichst ergiebig ist, weil davon hauptsächlich das Mafs des Genusses abhängt. »
2) Arist. Polit. VI, 9, 2-4.
3) Vgl. Hitze « Kapital und Arbeit » S. 525. — « Die Verwechselung der « sozialen Frage » mit der Arbeiterfrage schliefst eine totale Verkennung des tiefsten Grundes des Übels ein, und kann also auch nicht zu einer Heilung desselben führen. Dieser tiefste Grund ist, nach unserer Aufstellung, die Atomisirung der Gesellschaft, die Heilung: die Reorganisation der Stände in sich und im Verhältnifs zum Ganzen. Und gerade für den Arbeiterstand in seiner geistigen wie materiellen Abhängigkeit von den übrigen Ständen ist diese gesellschaftliche Reorganisation im Grofsen gerade eine Lebensfrage, schlechthinnige Bedingung seiner eignen Organisation und Wohlfahrt. »

Ist die soziale Frage die Frage « *der Gesellschaft* » in *ihrem äufsern Umfange*, so ist sie dies noch mehr nach ihrer *innern Tragweite*. *Religion, Familie, Staat* und *Eigentum* sind die Grundfesten der Gesellschaft, die foedera generis humani, wie Cicero sie nennt, die Bande, welche das Menschengeschlecht zusammenhalten. Diese Pfeiler sollen nun teilweise oder alle erschüttert, anders gestellt oder gänzlich niedergerissen werden. Das bestehende Gebäude soll morsch und faul sein, die jetzige Gesellschaft wert, dafs sie zu Grund gehe. « Ein wenig erfreuliches Bild bietet sich dem Beobachter dar, der mit kühnem Griffe den Schleier hinwegzieht von dem Antlitz der jetzigen Gesellschaft ; es ist das *Haupt der Medusa*, das uns grauenerregend anstarrt. Die Physiognomie unserer Gesellschaft zeigt uns mit einem Worte *intellektuelle, sittliche* und *wirtschaftliche Verkommenheit*. » [1]

. . . . [2]

So sehr diese Kritik auch eine übertriebene Färbung hat, wird doch von den meisten zugestanden, dafs auf *ökonomischem* Gebiete eine Störung im Organismus der Gesellschaft eingetreten ist, hervorgerufen durch eine Verschiebung *von Eigentum und Arbeit*. Mit Ausnahme der Manchesterschule, nach welcher die heutige Eigentumsform die denkbar vollkommenste ist, nach welcher das Prinzip *der freien Konkurrenz* genügt, Harmonie zu bringen in die Beziehungen zwischen den verschiedenen Klassen der Gesellschaft und ihrer Glieder, nach der « es vielleicht in unserem ganzen Sprachschatz kein männlicheres Wort giebt als das : Jeder ist seines Glückes Schmied, » [3] indem jeder sein Schicksal in sich selbst trägt, jeder mit den Hindernissen ringen mufs, welche ihm Natur und Menschen in den Weg werfen, leugnet keiner, der einen Blick gethan in das Treiben der Fabriken, in die verpfändeten Häuser der Bauern, in die Gegensätze zwischen Besitzenden und Enterbten, in die prunkvollen Paläste der Kapitalisten und in die armseligen Hütten der Arbeiter, die *Existenz einer sozialen Frage*.

Aber wie dieselbe zu lösen sei, darüber sind nicht alle einig. Manche halten die bürgerliche Gesellschaft aufserstande, auf dieses Rätsel der Sphinx eine Antwort zu finden. Der einzige Retter in der Not sei der *Sozialismus*, ein zweiter Perseus, der dem Ungeheuer der Medusa, nämlich der menschlichen Gesellschaft, den Garaus machen solle.

Der *Sozialismus*,[4] erst in unserm Jahrhunderte geboren, war zur Zeit Disraeli's noch ein leichter Zephyr, der kaum die Blätter der Bäume bewegt, der aber bald, wie der berühmte Staatsmann prophezeit, zum entfesselten Orkan anschwellen wird, alles auf seinem Durchzuge niederwerfend. Bereits 1847 hatte Mgr Parisis, Bischof von Langres, auf die Gefahr aufmerksam gemacht. «Le communisme, sagte er damals,[5] est vivant dans les entrailles de la France ; chaque jour on sent qu'il se développe, qu'il passe de l'obscurité des théories dans la région des faits ; qu'il marche enfin, personnifié dans des millions d'hommes, comme une armée formidable, contre toutes nos institutions. Le travail sourd mais incessant du commu-

---

1) Citat des « Vorwärts » bei Dr. W. Schæfer « die Unvereinbarkeit des sozialistischen Zukunftsstaates mit der menschlichen Natur », S. 77 (Berlin, Robert Oppenheim, 1891). — Vgl. Marx « Kapital » Einleit. VII : « Im Vergleich zur englischen ist die soziale Statistik Deutschlands und des übrigen kontinentalen Westeuropas elend. Dennoch lüftet sie den Schleier gerade genug, um hinter demselben ein *Medusenhaupt* ahnen zu lassen.»

2) Da dieses Programm auch der Jugend unter die Hände kommen wird, soll die sozialistische Schilderung der gegenwärtigen Gesellschaft sowie des Zukunftsstaates einem Sonderabdruck vorbehalten bleiben.

3) Theodor Barth, Mitglied des Reichstages, « Die sozialdemokratische Gedankenwelt », Berlin 1890, S. 69.

4) Das Wort verdankt seinen Ursprung den *Schülern Robert Owen's*, die es zuerst 1835 gebrauchten bei Gelegenheit der Gründung der « Association of all classes of all nations ». *Pierre Leroux*, (Vgl. La Grève de Samarez 1863, S. 235 und S. 365) will es gegen 1833 « geschmiedet » haben. Auch *Louis Reybaud*, (Préf. de la 7e éd. des Réformateurs 1864) beansprucht die Vaterschaft des Ausdruckes « Sozialismus ».

5) Cas de Conscience à propos des libertés exercées ou réclamées par les catholiques ». Ed. belge, p. 122 et 123.

nisme est devenu le plus grand embarras social. » Und heutzutage erhebt der Sozialismus stolz und siegesgewiss das Haupt. « L'étendard fédéral de l'élite humaine, ruft *Malon* aus,[1]) porte dans ses larges plis, aussi sûrement et pour une meilleure cause que le *Labarum* du Pont Milvius, le signe fulgurant de la victoire prochaine. Ne vous attardez pas sur la vieille rive, près des saules babyloniens, à regarder couler tristement le fleuve des choses qui passent; le pont est jeté, ceignez vos reins et venez d'un cœur ferme à l'armée des prolétariats socialistes en marche pour la conquête d'une civilisation supérieure. »

Auch *Bebel*, der bedeutendste der deutschen Sozialisten, sieht den Tag des Triumphes mit Riesenschritten herankommen. « Der Kampf der neuen Welt wider die alte ist entbrannt. Es treten Massen auf die Bühne, es wird mit einer Fülle von Intelligenz gekämpft, wie die Welt noch in keinem Kampf gesehen, kein zweites Mal einen ähnlichen Kampf mehr sehen wird. Denn es ist der *letzte* soziale Kampf. Das 19. Jahrhundert wird schwerlich zu Ende gehen, ohne dafs dieser Kampf so gut wie entschieden ist. »[2]) Nach der *sozialistischen Geschichtsphilosophie* ist der siegreiche Durchbruch der neuen Idee *unvermeidlich*, ist die Umgestaltung der Gesellschaft auf sozialistischer Grundlage der natürliche Zielpunkt einer mit *elementarer Notwendigkeit* sich vollziehenden historischen Entwicklung. « Diese wichtigen Entscheidungen in der sozialen Frage zu verhindern, liegt in keines einzelnen Macht noch in der Macht einer Klasse, wie umgekehrt kein einzelner noch eine Klasse sie willkürlich herbeizuführen vermag. Was wird, ist das *geschichtliche Mufs*, das in der *Entwicklung* liegt und durch die Macht der Thatsachen den Menschen die Wege zeigt, die zu wandeln das Kulturinteresse der Gesellschaft gebietet. »[3]) Mit der Verwirklichung des sozialistischen Ideals wird, wie die Sozialisten versichern, das *goldene Zeitalter* wiederkehren. *Fourier* träumt von einem Zukunftsstaat, in dem die ganze Erdoberfläche ein milderes Klima und das Tierreich eine neue Gestalt annehmen wird. Es sterben alsdann die schädlichen Tiere aus, die nützlichen veredeln sich, der Walfisch wird Schiffe ziehen, und selbst das Wasser der Flüsse und Meere zersetzt sich in eine milde, limonadenartige Flüssigkeit. Nicht mehr werden die Nationen sich gegenseitig zerfleischen, die Gegensätze der Rassen, die jetzt ganz Europa in Waffen starren lassen, werden dem Vertrauen und der Liebe Platz machen, in einer allgemeinen Völkerverbrüderung werden die Millionen sich umschlingen, des Krieges Stürme werden für immer schweigen, und ein ewiger Friede wird die Welt beglücken. Der niedrige Trieb des Egoismus wird in das Streben nach der Gesamtheit Wohl übergehen. Verbrechen werden aufhören. Faulenzer werden nicht mehr sein, wie einst im bürgerlichen Drohnenstaate. Allen wird sein gleiche Last und gleiche Lust. « Die Schlemmerei und das Lotterleben sollen künftig unmöglich sein, aber auch Not, Elend und Entbehrung ».[4]) Singt doch schon Heinrich Heine:[5])

> Es wächst hienieden Brot genug
> Für alle Menschenkinder,
> Auch Rosen und Myrten, Schönheit und Lust,
> Und Zuckererbsen nicht minder.
> Ja Zuckererbsen für jedermann,
> Sobald die Schoten platzen.

---

1) Le socialisme Intégral. Paris 1892, S. 208.
2) Bebel, l. c., S. 347.
3) Bebel, « Die neue Zeit », IX. Jahrg., I. Bd., 1. Heft, S. 10.
4) Bebel, l. c., S. 335.
5) Deutschland, ein Wintermärchen.

« Der moralische und physische Zustand der Gesellschaft, alles wird dazu beitragen, Unglücksfälle, frühzeitige Erkrankungen und Siechtum möglichst zu verhüten. Der natürliche Tod, das Absterben der Lebenskräfte wird mehr und mehr Regel werden. »[1])

« Kein Gedanke, dafs andere seinen Tod erwarten, um ihn zu « beerben », stört den Lebensgang des Menschen, kein Gedanke, dafs, wenn alt, hilflos geworden, er wie eine ausgeprefste Zitrone bei Seite geworfen wird. »[2])

Doch kann der Sozialismus das leidende Proletariat nur befreien, indem es seine Lebensbedingungen aufhebt; doch verheifst er der Menschheit diese Fülle des Segens nur unter der Bedingung, dafs sie mit *einer ganz neuen Weltordnung* einverstanden und bereit sei, die *vier bis dahin als heilig und unantastbar geltenden Fundamentaleinrichtungen* der Gesellschaft, die *Religion*, die *Familie*, den *Staat*, das *Privateigentum* preiszugeben. Malon gesteht es offen ein : « Les conservateurs ne se trompent pas, eux, sur le caractère intégraliste du socialisme; ils savent bien que presque rien du vieux monde ne restera dans sa forme actuelle, quand le socialisme sera entré dans les faits. Aussi traduisent-ils sophistiquement socialiste par : ennemi de la Religion, de la Famille, de la Propriété et de l'État ». Übrigens sind « Religion, Familie, Staat und Privateigentum » durch die Wissenschaft zum Tode verurteilt, und « der Sozialismus ist die mit klarem Bewustsein und voller Erkenntnis auf allen Gebieten menschlicher Thätigkeit angewandte Wissenschaft ». [3]) Er kämpft mit dem « blanken Stahl der Wissenschaft » (Lassalle). « Der menschliche Fortschritt und die echte, unverfälschte Wissenschaft sind sein Panier. »[4])

. . . .

Doch das Grundübel von allem sozialen Elend ist für die Sozialisten das *Privateigentum*. *Religion*, *Familie* und *Staat* sind nicht selbständige Gebilde, sondern Erzeugnisse der jeweiligen Eigentumsverhältnisse. Engels hat das grofse allgemeine Gesetz der gesamten historischen Entwicklung aufgedeckt, « dafs alle bisherige Geschichte die Geschichte von Klassenkämpfen war, dafs diese einander bekämpfenden Klassen der Gesellschaft jedesmal Erzeugnisse sind der Produktions- und Verkehrsverhältnisse, mit einem Wort der ökonomischen Verhältnisse ihrer Epoche ; dafs also die jedesmalige ökonomische Struktur der Gesellschaft die reale Grundlage bildet, aus welcher der gesamte Überbau der rechtlichen und politischen Einrichtungen, sowie der religiösen, philosophischen und sonstigen Vorstellungsweise eines jeden geschichtlichen Zeitabschnittes in letzter Instanz zu erklären sind ».[5]) Die *Religion* ist « für die Bourgeoisie, die selbst nichts glaubt, die durch ihre ganze Entwicklung, durch die aus ihrem Schofse hervorgegangene moderne Wissenschaft den Glauben an die Religion und alle Autorität zerstört hat »[6]) blofs ein Mittel, ihre Kapitalien sicher zu stellen, « was am besten der bekannte Ausspruch beweist : Dem *Volke* mufs die Religion erhalten werden ».[7])

« Die bürgerliche *Ehe* ist, das haben wir unwiderleglich nachgewiesen, die Folge des bürgerlichen Eigentums. Diese Ehe mit dem Privateigentum und dem Erbrecht in engster Verbindung stehend, verlangt « legitime » Kinder als « Erben », sie wird zur Erlangung solcher geschlossen, und unter dem Druck der gesellschaftlichen Zustände wird sie seitens der herrschenden Klassen auch denen aufgenötigt, die nichts zu « vererben » haben. »[8])

1) Bebel, l. c., S. 331.
2) Bebel, l. c., S. 330.
3) Bebel, l. c., S. 372.
4) Bebel, l. c., S. 315.
5) Engels, « Dühring », S. 10.
6) Bebel, l. c., S. 314.
7) Bebel, l. c., S. 314.
8) Bebel, l. c., S. 300.

« Der *Staat* ist das Produkt einer gesellschaftlichen Entwicklung aus der primitiven auf Kommunismus beruhenden Gesellschaftsform, in der allmählig das *Privateigentum* entstanden ist. Mit dem Aufkommen des Privateigentums entstehen notwendig innerhalb der Gesellschaft antagonistische Interessen, die im Laufe ihrer weitern Entwicklung zu Standes- und Klassengegensätzen führen und allmählich offene Feindseligkeit, Standes- und Klassenkämpfe erzeugen, die die neue Gesellschaftsordnung in ihrem Bestande bedrohen. Um diese Standes- und Klassenkämpfe niederzuhalten und die bedrohten Eigentümer zu schützen, bedarf es einer Organisation, die den Angriffen auf Besitz und Eigentum wehrt und den unter bestimmten Formen erworbenen Besitz für « rechtmäfsig » erklärt und « heilig » spricht. *Diese das Eigentum schützende Organisation ist der Staat.* Durch den Erlafs von Gesetzen sichert er dem Eigentümer seinen Besitz und tritt gegen den Angreifer auf die festgesetzte Ordnung als Richter und Rächer auf. Das Interesse der Staatsgewalt ist also auch das Interesse der Eigentümer und umgekehrt. Der Staat ist darnach die notwendige Organisation einer auf Klassenherrschaft beruhenden Gesellschaftsordnung. In dem Augenblicke, in dem die Klassengegensätze durch Aufhebung des Privateigentums fallen, verliert der Staat nicht nur das Recht zu seiner Existenz, sondern seine Existenzmöglichkeit. »[1])

Die Eigentumsfrage ist mithin der Ausgangs- und Krystallisationspunkt der sozialen Frage. In dem gewaltigen Kampfe, der auf dem ganzen Erdenrunde entbrannt ist, handelt es sich darum zu wissen, wer Inhaber, *Subjekt* des Eigentums in seiner dreifachen Verwendung sein soll. Das Eigentum kann nämlich sein :

a) Nutzeigentum oder *Gebrauchseigentum*, das Eigentum an Konsumtionsgegenständen, die der Mensch sich zu « eigen » macht, um mittels ihrer seine Bedürfnisse, von den zur Erhaltung des Lebens unerläfslichen bis zu den Kulturbedürfnissen, zu befriedigen.

b) Produktiveigentum, das zur Hervorbringung (Produktion) neuer Güter dient. Dazu gehören Grund und Boden, alle Arten von Rohstoffen, Fabriken, Maschinen, Werkzeugen und Verkehrsmitteln, kurz alle Güter, die nicht ausschliefslich Genufsgüter sind.

c) Das Leibeigentum, welches Eigentum ausborgt.

Je nachdem nun das *einzelne* Glied der Gesellschaft oder die *Gesamtheit* als Träger des Eigentums angenommen wird, entstehen die Systeme des *Privateigentums* und der *Gütergemeinschaft*. Diese kann *negativ* oder *positiv* sein. Bei der *negativen* Gütergemeinschaft, die übrigens von niemanden befürwortet wird, denkt man sich die Gemeinsamkeit der Güter dergestalt, dafs dieselben *niemanden*, weder den einzelnen noch der Gesamtheit eigentümlich angehören, allen aber gleichmäfsig zum nötigen Gebrauche offen stehen. Nach der *positiven* Gütergemeinschaft kommen die Güter ganz oder teilweise irgend einem *Gemeinwesen*, entweder der Gesamtheit aller Erdenbewohner oder ihrer nationalen Bruchteile, zu. Die positive Gütergemeinschaft kann sich wiederum auf alle Arten von Gütern mit Einschlufs der Genufsgüter beziehen, und dann heifst sie im strengeren Sinn des Wortes *Kommunismus*. Oder sie hat nur das Produktiveigentum zum Gegenstande, sie will alle oder mehrere Kategorien von *Produktionsmitteln zusammenlegen*, vergesellschaftlichen, *sozialisieren*, und deshalb wird sie *Kollektivismus* [2]), *Sozialismus* genannt. Der *Ackersozialismus* leugnet nur inbezug auf Grund und Boden die Berechtigung des Privat-

---

1) Bebel, l. c., S. 261.

1) Das Wort « Collectivisme » rührt her von dem belgischen Ackersozialisten Colins, der es 1835 in seinem Buche « Le Pacte social » gebraucht; 1877 wurde es von Littré in sein Wörterbuch aufgenommen und mit einem Beispiele aus dem « Journal des Débats » von 1869 belegt. Die Akademie hat ihm das Bürgerrecht noch nicht gewährt.

eigentums. Der *industrielle* Sozialismus beansprucht ausschliefslich für die Gesellschaft das Eigentum an allen Industriefaktoren. [1]
Von diesen Systemen hat das des *Privateigentums* als ein Axiom in der Volkswirtschaftslehre gegolten, als eine Voraussetzung, die sich von selbst versteht. Thatsächlich ist es überall vorhanden und überall rechtlich anerkannt. « Ce droit, sagt Thiers, a été admis par toutes les sociétés, et le sera par toutes celles qui pourront se former dans l'avenir. Il est enfin tellement inhérent à la nature humaine qu'on le retrouve partout, dans tous les pays du monde, et à ce titre on peut le dire divin. Et s'il y avait quelque part un législateur assez insensé pour tenter de le détruire : Législateur d'un jour, lui dirais-je, Votre œuvre passera, et il n'y aura d'éternel que Votre ignominie. » [2] Selbst die grofse Revolution hat

---

1) Malon, l. c., S. 301, zählt neun Abarten des Kollektivismus auf:
a) Collectivisme *emphytéotique*. Cette forme de possession de la terre, dont l'appellation dit la nature, fut proposée en 1826 par Bernardino Rivadiva, président de la République Argentine. L'État, possesseur de la terre, s'interdisait de l'aliéner; mais il la confiait, moyennant redevances fixées tous les dix ans, à des fermiers emphytéotes, dont les contributions constituaient la rente sociale.
b) Le collectivisme *industriel*. Le premier théoricien du collectivisme est sans contredit Constantin Pecqueur. Dans son ouvrage ayant pour titre : Les intérêts du commerce, de l'industrie, de l'agriculture et de la civilisation en général (Paris, 1836), Pecqueur proposait de *socialiser* (le néologisme est de lui) les institutions de crédit, les chemins de fer, les mines, et de se servir des ressources que procurerait cette mesure, pour compléter graduellement la socialisation de toutes les forces productives.
c) Collectivisme *colinsien*. A partir de 1850, Colins préconisa l'appropriation collective du sol et d'une partie des capitaux.
d) Le collectivisme *internationaliste*, en honneur dans différents congrès de l'Internationale, eut pour principal propagateur César De Paepe. Mélange des conceptions précédentes, il part de ce principe : La société a le droit d'abolir la propriété individuelle du sol et du grand outillage industriel; il y a nécessité à ce que cette abolition ait lieu.
e) Le collectivisme *révolutionnaire* se forma par simple accentuation du collectivisme internationaliste. Il est basé, quant aux moyens, sur l'expropriation révolutionnaire et sans indemnité de la classe bourgeoise par le prolétariat soulevé et maître des pouvoirs publics.
f) Le collectivisme *marxiste* diffère du collectivisme révolutionnaire en ce qu'il est plus objectif. La phase individualiste a eu sa nécessité pour le développement des forces productives ; mais les conditions économiques que le régime bourgeois ou capitaliste engendre, sont entravées dans leur développement naturel par ce régime même ; elles tendent à briser le moule capitaliste et à préparer le collectivisme, qui est ainsi l'aboutissant fatal de la société capitaliste, en vertu de l'évolution incompressible de la petite industrie vers la grande industrie et de celle-ci vers la production sociale.
g) Le collectivisme *anarchiste*. Il diffère du collectivisme révolutionnaire en ce que, pour les collectivistes anarchistes, la révolution devra être, qu'il faut hâter par tous les moyens, devra être purement destructive des formes gouvernementales et juridiques bourgeoises.
h) Le collectivisme *agraire* a pour principaux théoriciens, l'irlando-américain Henry George, le savant naturaliste anglais Wallace; il fut partiellement préconisé en 1869—1872 par J.-S. Mill et Herbert Spencer. Parmi les différents systèmes du collectivisme agraire, celui de Henry George réunit le plus de partisans ; il a pour but de remplacer tous les impôts par la rente sociale du sol qui, tout en restant entre les mains des propriétaires cultivateurs, deviendrait ainsi la propriété inaliénable du sol.
i) Le collectivisme *réformiste* se rapproche fort de ce que nous avons appelé le collectivisme industriel. Dans cette doctrine, on tient grand compte de l'évolution capitaliste; mais on ne croit pas qu'il faille attendre que le capitalisme ait achevé de paupériser le prolétariat et de prolétariser la petite bourgeoisie industrielle, commerciale et agricole, avant d'agir socialement.
2) Discours sur le droit au travail, prononcé par M. Thiers dans la séance de l'Assemblée nationale du 13 septembre 1848.

dies Recht als « unantastbar und heilig » bestätigt. In der Erklärung der Menschen- und Bürgerrechte von 1791 heifst es : « La propriété étant un droit inviolable et sacré, nul ne peut en être privé, si ce n'est lorsque la nécessité publique, légalement constatée, l'exige évidemment, et sous la condition d'une juste et préalable indemnité ». [1]) Ebenso ist in den neuern Verfassungen das Eigentum als unverletzlich hingestellt (Östreich, Art. 5; Preußen, Art. 9; Baiern, IV, 8; Sachsen, § 27; Württemberg, § 24; Baden, § 13 ; Belgien, Art. 11 ; Luxemburg, Verfassung vom 17. Oktober 1868, Kap. I, Art. 16).

Das war auch die Anschauung, die in der Litteratur wiederklang. So singt Schiller :

« *Themis* selber führt den Reigen,
Und mit dem gerechten Stab
Mifst sie jedem seine Rechte,
Setzet selbst der Grenze Stein. » [2])

« Jene Linien, sieh ! die des Landmanns Eigentum scheiden,
In den Teppich der Flur hat sie *Demeter* gewirkt.
Freundliche Schrift des Gesetzes, des menschenerhaltenden Gottes,
Seit aus der ehernen Welt fliehend die Liebe entschwand. » [3])

Allerdings sind auch schon früher scharfe Äufserungen über das Privateigentum gefallen. Die klassischste derselben aus der Neuzeit, die eine Fundgrube geworden ist für die Kommunisten, findet sich bei dem englischen Kanzler Heinrich's VIII., bei *Thomas Morus* in seiner *Utopia* [4]) (Nirgendheim), ein Wort, das in der Sprache geblieben ist, um unausführbare Pläne zu bezeichnen. Wegen der Formvollendung [5]) der *Utopie* wollen wir den revolutionär angehauchten Exkurs im Urtext wiedergeben : « Quamquam profecto, mi More, so redet Raphael Hythlodäus, ein Portugiese, der auf seinen Reisen die Insel Utopia entdeckt, Thomas Morus an, (ut ea vere dicam quæ meus animus fert) mihi videtur, ubicunque privatæ sunt possessiones, ubi omnes omnia pecuniis metiuntur, ibi vix unquam posse fieri ut cum republica aut juste agatur aut prospere, nisi vel ibi sentias agi juste, ubi optima quæque perveniunt ad pessimos, vel ibi feliciter, ubi omnia dividuntur in paucissimos …. Cum ubi Utopiensium moribus ex adverso comparo tot nationes alias semper ordinantes nec ullam satis ordinatam unquam earum omnium, in quibus quod quisque nactus fuerit, suum vocat privatum, quorum tam multæ in dies conditæ leges non sufficiunt, vel ut consequatur quisquam vel ut tueatur, vel ut satis internoscat ab alieno, illud quod suum invicem

---

1) Art. 17.
2) Das Eleusische Fest, 15. Strophe.
3) Der Spaziergang, Vers 40 f.
4) Der Titel der ersten Ausgabe lautete : « Libellus vere aureus nec minus salutaris quam festivus de optimo reipublicæ statu, deque nova insula *Utopia* »; sie umfafst 2 Bücher.
5) Die sprachliche Seite des Werkes nicht minder als die inhaltliche hat Gerhard von Nimwegen in folgenden Versen gepriesen :

« Dulcia, lector, amas ? Sunt hic dulcissima quæque.
Utile si quæris, nil legis utilius.
Sive utrumque voles, utroque hæc insula abundat,
Quo *linguam exornes*, quo doceas animum.
Hic fontes aperit, recti pravique disertus
Morus, Londini gloria prima sui. »

quisque privatum nominat, id quod facile indicant tam assidue nascentia quam nunquam linienda litigia .... Nam quum certis titulis quisque quantum potest ad se convertit, quantacunque fuerit rerum copia, eam omnem pauci inter se partiti reliquis relinquunt inopiam fereque accidit ut alteri sint alterorum forte dignissimi, quum illi sint rapaces, improbi atque inutiles, contra ii modesti viri ac simplices et quotidiana industria in publicum quam in semet benigniores. Adeo mihi certe persuadeo res aequabili ac justa aliqua ratione distribui, aut feliciter agi cum rebus mortalium, nisi *sublata prorsus proprietate* non posse ; sed manente illa, mansuram semper apud multo maximam multoque optimam hominum partem egestatis et aerumnarum anxiam atque inevitabilem sarcinam ; quam ut fateor levari aliquantulum posse, sic tolli plane contendo non posse. Nempe si statuatur ne quis supra certum agri modum possideat .... Talibus, inquam, legibus, quemadmodum aegra assiduis solent fomentis fulciri corpora deploratae valetudinis, ita haec quoque mala leniri queant ac mitigari ; ut sanentur vero atque in bonum redeant habitum, nulla omnino spes est, dum sua cuique sint propria. Quin dum unius partis curae studes, aliarum vulnus exasperaveris, ita mutuo nascitur ex alterius medela alterius morbus, quando nihil sic adjici cuiquam potest, ut non idem adimatur alii ». [1])

Die Utopie mit ihrer Gütergemeinschaft fand allseitige Nachahmung, und selbst *Fénelon* entwirft eine Idylle, nach welcher die glücklichen Bewohner von Bétique[2]) und Salente[3]) nicht einmal das Wort Eigentum kennen. Im 18. Jahrhundert tritt *Morelly* gegen das Privateigentum auf. « La dure, insensible *propriété*, sagt er, *est la mère de tous les crimes*, enfants du désespoir et d'une indigence furieuse. »[4]) Im Code de la Nature behauptet er : « Le seul vice que je connaisse dans l'univers, c'est l'avarice. Tous les autres, quelque nom qu'on leur donne, ne sont que des tons, des degrés de celui-ci ; c'est le Protée, le Mercure, la base, le véhicule de tous les vices. Analysez la vanité, la fatuité, l'orgueil, l'ambition, la fourberie, l'hypocrisie, le scélératisme, décomposez la plupart de nos vertus sophistiques, tout cela se résout en ce subtil et pernicieux élément, le désir d'avoir ; vous le retrouverez au sein même du désintéressement. Or, cette peste universelle, l'intérêt particulier, cette fièvre lente, cette étisie de toute société, aurait-elle pu prendre où elle n'eût jamais trouvé non seulement d'aliment, mais le moindre ferment dangereux. Je crois qu'on ne contestera pas l'évidence de cette proposition : que là où il n'existerait *aucune propriété, il ne pourrait exister aucune de ses pernicieuses conséquences.* » .... « Tout citoyen qui aura cherché à faire revivre la *détestable propriété* sera enfermé pour toute sa vie comme fou furieux et ennemi de

---

1) Utopia, liber I, pag. 84. Ed. Lovan.
2) Télémaque VIII. « Ils vivent tous ensemble sans partager les terres .... Tous les biens sont communs ; les fruits des arbres, les légumes de la terre, le lait des troupeaux, sont des richesses si abondantes, que des peuples si sobres et si modérés n'ont pas besoin de les partager. Chaque famille, errante dans ce beau pays, transporte ses tentes d'un lieu en un autre, quand elle a consumé les fruits et épuisé les pâturages de l'endroit où elle s'était mise. Ainsi ils n'ont point d'intérêts à soutenir les uns contre les autres, et ils s'aiment tous d'un amour fraternel que rien ne trouble. C'est le retranchement des vaines richesses et des plaisirs trompeurs qui leur conserve cette paix, cette union et cette liberté. Ils sont tous libres, tous égaux.... La fraude, la violence, le parjure, les procès, les guerres ne font jamais entendre leur voix cruelle et empestée dans ce pays chéri des Dieux. »
3) Télémaque XII. « Pour tenir votre peuple dans cette modération, il faut régler dès à présent l'étendue de terre que chaque famille pourra posséder. Vous savez que nous avons divisé tout notre peuple en sept classes suivant les différentes conditions : il ne faut permettre à chaque famille, dans chaque classe, de pouvoir posséder l'étendue de terre absolument nécessaire pour nourrir le nombre de personnes dont elle sera composée. Cette règle étant inviolable, les nobles ne pourront faire d'acquisitions sur les pauvres : tous auront des terres ; mais chacun en aura fort peu, et sera excité par là de les bien cultiver. »
4) Fragment de la « Basiliade ».

l'humanité, dans une des cavernes bâties dans le lieu des sépultures publiques. Son nom sera pour toujours effacé du dénombrement des citoyens ; ses enfants et toute sa famille quitteront ce nom et seront séparément incorporés dans d'autres tribus, cités ou provinces. »

J. J. Rousseau ist in Bezug auf die Eigentumsfrage voll von Widersprüchen. Einmal beteuert er : « La propriété est le vrai fondement de la société civile et le vrai garant des engagements des citoyens ; car si les biens ne répondaient pas des personnes, rien ne serait si facile que d'éluder ses devoirs et de se moquer des lois. Il est certain que le droit de propriété est le plus sacré de tous les droits des citoyens. »[1]) An einer andern Stelle ereifert er sich in feueriger Diatribe gegen dieses heiligste der Bürgerrechte. « Le premier qui ayant enclos un terrain s'avisa de dire : *ceci est à moi*, et trouva des gens assez simples pour le croire, fut le vrai fondateur de la société civile. Que de crimes, de guerres, de meurtres, que de misères et d'horreurs n'eût point épargné au genre humain celui qui, arrachant les pieux et comblant les fossés, eût crié à ses semblables : Gardez-vous d'écouter cet imposteur ; vous êtes perdus si vous oubliez que les fruits sont à tous, et que la terre n'est à personne. »[2]) .... « Avant que ces mots affreux de *tien* et de *mien* fussent inventés ; avant qu'il y eût de cette espèce d'hommes cruels et brutaux qu'on appelle maîtres, et cette autre espèce d'hommes fripons, menteurs, qu'on appelle esclaves ; avant qu'il y eût des hommes assez abominables pour avoir du superflu, pendant que d'autres hommes meurent de faim ; avant qu'une dépendance mutuelle les eût tous forcés à devenir fourbes, jaloux et traîtres.... je voudrais bien que l'on m'expliquât en quoi pouvaient consister leurs vices, leurs crimes. »[3])

Diese Angriffe des 18. Jahrhunderts auf das Privateigentum sind gewiß gehässiger Art ; aber sie sind noch harmlos zu nennen im Vergleich mit den Schmähworten *Proudhon's*. Dieser geniale Mann, dieser gewaltige Schriftsteller, der durch die Wärme seiner Sprache bezaubert und mit sich fortreißt, hatte in seinem Titanenstolze mit dem ersten Worte seiner Devise der bestehenden Ordnung zugerufen : Destruam. Mit dem Urprinzip von Allem begann er, Gott wollte er entthronen. « Le Satan qui nous assiège », so redet er ihn an, « ce Satan c'est toi. Tu triomphais, et personne n'osait te contredire, quand, après avoir tourmenté en son corps et son âme le juste Job, figure de notre humanité, tu insultais à sa piété candide, à son ignorance discrète et respectueuse. Nous étions comme des néants devant ta majesté invincible, à qui nous donnions le ciel pour dais, et la terre pour escabeau. Et maintenant, te voilà détrôné et brisé. Ton nom, si longtemps le dernier mot du savant, la sanction du juge, la force du prince, l'espoir du pauvre, le refuge du coupable repentant, eh bien ! ce nom incommunicable, désormais voué au mépris et à l'anathème, sera sifflé parmi les hommes. Car Dieu, c'est sottise et lâcheté ; Dieu, c'est hypocrisie et mensonge ; Dieu, c'est tyrannie et misère ; *Dieu, c'est le mal !* Tant que l'humanité s'inclinera devant un autel, l'humanité, esclave des rois et des prêtres, sera réprouvée ; tant qu'un homme, au nom de Dieu, recevra le serment d'un autre homme, la société sera fondée sur le parjure, la paix et l'amour seront bannis d'entre les mortels. Dieu, retire-toi, car dès aujourd'hui, guéri de ta crainte et devenu sage, je jure, la main étendue vers le ciel, que tu n'es que le bourreau de ma raison, le spectre de ma conscience. » [4])

Wie Gott, so schwor er auch dem *Privateigentum* Haß. In der Denkschrift, die er 1840 veröffentlichte mit dem Titel : Qu'est-ce que la propriété ? beginnt er also : « Si j'avais à répondre à la question suivante : *Qu'est-ce que l'esclavage ?* et que d'un seul mot je répondisse : *C'est l'assassinat*, ma pensée

---

1) Économie politique, article extrait de l'Encyclopédie. Oeuvres complètes, tom. XII, p. 41.
2) Discours sur l'origine de l'inégalité, 2ᵉ partie, Oeuvres compl., T. I, p. 273.
3) Discours sur l'économie politique. Oeuvres compl., T. XII.
4) Système des Contradictions économiques, T. Iᵉʳ, p. 360.

serait d'abord comprise. Je n'aurais pas besoin d'un long discours pour montrer que le pouvoir d'ôter à l'homme la pensée, la volonté, la personnalité, est un pouvoir de vie et de mort, et que faire un homme esclave, c'est l'assassiner. Pourquoi donc à cette autre demande : *Qu'est-ce que la propriété?* ne puis-je répondre de même : *C'est le vol*, sans avoir la certitude de n'être pas entendu, bien que cette seconde proposition ne soit que la première transformée ? »[1])

Die Eigentümer nennt er Diebe, Mörder, Räuber, Geier, wilde Tiere. « Le propriétaire est un voleur.... C'est Caïn qui tue Abel.... C'est un bandit, un brigand, un pirate, un écumeur de terre et de mer.... C'est un vautour qui plane les yeux fixés sur sa proie, et se tient prêt à fondre sur elle et à la dévorer.... C'est un animal essentiellement libidineux, sans vertu ni vergogne.... C'est un lion qui prend toutes les parts.... »[2]) Proudhon rühmte sich, durch seine wuchtigen Schläge dem Privateigentum den Todesstofs versetzt zu haben. « J'ai accompli », sagt er, « l'œuvre que je m'étais proposée ; la propriété est vaincue, elle ne se relèvera jamais. Partout où sera lu ou communiqué mon discours, là sera déposé un germe de mort pour la propriété ; là, tôt ou tard, disparaîtront le privilège et la servitude. Au despotisme de la volonté succédera le règne de la raison. »[3])

Das Triumphgeschrei Proudhon's ist zwar noch etwas verfrüht; das Privateigentum liegt noch nicht darnieder wie ein Leichnam, aber es wird viel bekämpft in unsern Tagen von den Sozialisten, die in mehr als einem Punkte in vielen Lehrern der Sozialwissenschaft, den sog. *Kathedersozialisten*,[4]) Bundesgenossen gefunden haben.

Der Sozialismus will allerdings nicht « das persönlich erworbene, selbst erarbeitete Eigentum, das Eigentum, welches die Grundlage aller persönlichen Freiheit, Thätigkeit und Selbständigkeit bildet »[5]) beseitigen, und wegen dieser Zulassung des Nutzeigentums ist es nicht geradezu unmöglich, dafs er, wenigstens für eine gewisse Zeit, sein Ideal verwirklicht sehe, dafs durch eine grofse Expropriation der Expropriateurs, der Kapitalisten, alle Arbeitsmittel gesellschaftliches Eigentum werden. Auf die Dauer wäre aber eine solche Sozialisierung der Gesellschaft nicht möglich. So sehr man auch die individuelle Freiheit beschränken wollte, das private Nutzeigentum würde bald wieder zum Privateigentum auch von Produktionsmitteln führen. Angehäufte Genufsmittel sind nichts weiter als Produktionsmittel : aus einer reichen Garderobe läfst sich unvermerkt ein Kleiderladen herstellen; aus einem stattlichen Mobiliar ein Möbelmagazin ; sobald die Nähmaschine für andere arbeitet, wird sie zum Produktionsmittel. « Die Arbeitsmittel selbst bestehen zu einem sehr grofsen Teile aus Verbrauchsgegenständen, welche aufbewahrt sind, um während der Produktion neuer Güter die Produzenten zu unterhalten. Eigentlich besteht das gesamte Kapital aus Verbrauchsgegenständen im weitern Sinne. Wenn deshalb im sozialistischen Staat nicht das strikte Verbot erlassen wird, dafs niemand die vom Staat bezogenen Verbrauchsgegenstände produktiv verwenden darf, so könnte sich möglicherweise der Fall ereignen, dafs ein schwunghaftes Tauschgeschäft mit diesen Gegenständen getrieben würde, aus welchem dann wieder die kaum beseitigten Privatkapitalisten in Konkurrenz mit dem Staat als Kollektivkapitalisten erwachsen würden. Um aus vielen nahelie-

---
1) Premier Mémoire. — Chap. premier.
2) Qu'est-ce que la propriété (1er Mémoire)? p. 147, 157, 160 ; Système des contrad. écon., T. II, p. 309 et suiv.
3) Qu'est-ce que la propriété (1er Mémoire)? p. 249.
4) H. B. Oppenheim, Anhänger der individualistischen Richtung, hat den Namen erfunden und ihn als Titel einer 1872 veröffentlichten Broschüre gewählt. Als Kathedersozialisten gelten in Deutschland Hermann Wagner, Adolf Wagner, Schmoller, Brentano, Wilhelm Roscher (Grundlagen der pol. Oekon.); in Belgien, de Laveleye; in Frankreich Gide, Universitätsprofessor zu Montpellier und Verfasser der « Principes de l'économie politique ».
5) Kommunistisches Manifest, S. 13.

genden Beispielen nur eins herauszugreifen, so denke man sich, ein Arbeiter im sozialistischen Staat habe sich durch fleifsige Arbeit verschiedene Staatsanweisungen auf Genufsmittel erworben. Mit diesen Anweisungen tauscht er ein Kalb ein. Das Kalb zieht er sich auf zur Kuh, die Kuh giebt ihm Milch, die Milch vertauscht er gegen Genufsmittelanweisungen anderer Arbeiter, schliefslich schafft er sich eine zweite Kuh an, läfst andere Arbeiter für sich arbeiten u. s. w. Damit hätte der Staat sofort seine Privatkapitalisten und Konkurrenten, und Arbeitsmittel entständen neben dem Gemeingut.»[1])

Die Unterscheidung des Sozialismus entleert den Begriff des Privateigentums, läfst nur mehr ein Schattenbild von demselben zurück.

Die Gründe, welche von dem *wissenschaftlichen* Kommunismus und Sozialismus gegen das Privateigentum geltend gemacht werden, sind teils *geschichtlicher*, teils *rechtsphilosophischer* Natur.

Das Zeugnis der Geschichte rufen die Gegner des Privateigentums nach einer doppelten Seite hin an. Das *Freigentum aller Völker ist Gemeingut* und nicht Privateigentum gewesen. Deshalb besteht die Lösung der sozialen Frage in *der Rückwandlung des heutigen Privateigentums in das Kollektiveigentum*. Das ist die These und die Forderung[2]) des jüngst verstorbenen Lütticher Professors Émile de Laveleye, den die belgischen Sozialisten als ihren König begrüfsten.

Zweitens haben *die hehrsten Gestalten der Vergangenheit, die edelsten und hochherzigsten Männer aller Jahrhunderte gegen das Privateigentum Einspruch erhoben*.[3])

Drittens soll das Privateigentum gegen das *Naturrecht* sein.

Gerne erkennen wir im allgemeinen die Bedeutung der Winke der Geschichte für das Leben der einzelnen Menschen und ganzer Völker an. Sie ist unsere Ratgeberin und Lehrmeisterin. Aber diese Ehrfurcht vor der Vergangenheit kann uns nicht bewegen, unter allen Umständen wieder zurückzukehren zu dem, was uranfänglich dagewesen. Das Urchristentum hat nicht die Pracht des Kultus gekannt, die uns heute unwillkürlich mit heiliger Gewalt über die sichtbare Welt emporhebt. Die Apostel knieten nicht in gothischen Kirchen mit himmelanstrebenden Türmen, nicht brausten durch weite Hallen Meisterwerke der Kunst gleich dem ebbenden und flutenden Meere; auf schmucklosem Altare, in wertlosen Gefäfsen, mit einfachen Kleidern angethan, brachten sie das hl. Opfer dar. Aus dieser Thatsache der Geschichte wird aber niemand schliefsen, dafs der christliche Gottesdienst wiederum mit der Einfachheit gefeiert werden müsse, wie dies in den Katakomben geschehen. Wir können daher de Laveleye[4]) und Maine nicht beipflichten, wenn sie behaupten, der einzige Weg, das Richtige in der Neugestaltung der heutigen Eigentumsverhältnisse zu treffen, sei die Forschung nach der Form des Ureigentums. Mag darum auch diese die des Kollektiveigentums gewesen sein, so folgt daraus für uns nicht die Notwendigkeit der Sozialisierung alles Privateigentums. Allein dem ist nicht so, wenigstens nicht in dem Sinne de Laveleye's und in der Tragweite, die er dem Resultate seiner umfangreichen und gelehrten Forschungen gegeben.

Es steht keineswegs unumstöfslich fest, dafs selbst noch in den Anfängen der *historischen* Zeiten bei allen Völkern *nur Kollektiveigentum* sich vorfinde, wie wir es für zwei Länder nachzeigen wollen. Aus der

---

1) Barth, l. c., S. 23.
2) « De la propriété et de ses formes primitives », par Émile de Laveleye. Paris, Alcan, 1891.
3) Malon, l. c., p. 85, la Protestation communiste dans le passé.
4) De Laveleye, l. c., préface XXVI : « Dans les recherches sur l'origine de la propriété, on n'a pas assez tenu compte des faits anciens, et pour ainsi dire naturels, qui ont émané pourtant de l'instinct de justice qui semble inné dans l'homme. Comme le dit très bien Sir Henry Maine, des théories générales et plausibles, mais qu'on ne peut vérifier, telles que la loi naturelle et le contrat social, jouissent de beaucoup plus d'autorité que d'humbles recherches sur l'histoire primitive de la société et de la loi, elles obscurcissent la vérité, non seulement en détournant l'attention de l'unique voie où on peut la rencontrer, mais par l'influence qu'elles exercent sur le développement de la jurisprudence (Maine, Ancient laws., 4. Ausg., S. 3).

langen Reihe der Völker, deren ursprüngliche Eigentumseinrichtungen er uns vorführt in drei Typen, der germanischen Mark, dem russischen Mir und den Allmenden der Schweiz, wählen wir diejenigen aus, die zu der Anstalt, in dessen Programm diese Arbeit erscheint, in engerer Beziehung stehen : die *Griechen und Römer*. Es ist nicht unsere Absicht, die ganze Entwicklung des Eigentums in Griechenland und Rom durchzugehen. Wir werden uns auf *einen* Punkt beschränken, auf den Nachweis, dafs die *Griechen und Römer, sobald sie in der Geschichte auftreten, das Privateigentum an Grund und Boden kennen.*

Ebenso wenig ist das zweite der Geschichte entnommene Argument stichhaltig und zwar nicht blofs in seiner allgemeinen Fassung, sondern auch in seiner speziellen Anwendung auf das klassische Altertum. Die Eigentumssysteme, die in der griechischen und römischen Litteratur auftauchen, sind bei weitem nicht alle kommunistisch : *das Privateigentum hat auch unter den bedeutenden Schriftstellern des klassischen Altertums überzeugte Verteidiger gefunden.*

Endlich ist auch das *Naturrecht* weit entfernt, die Ablösung alles Privateigentums zu verlangen, und begeht die Gesellschaft nicht eine «hochvernünftige That», [1] indem sie das Eigentum wieder in ihre Hände bringt, ist das nicht « die sittlich reinste und grofsartigste Mafsregel », [1] welche die menschliche Gesellschaft je ergriffen hat.

Das Ureigentum in Griechenland und Rom, die Weltanschauungen inbetreff des Eigentums im klassischen Altertum, die rechtsphilosophische Begründung des Privateigentums als sozialer Institution : das ist die Dreiteilung dieser Abhandlung.

Die Aktualität dieser Frage mufs nach der *Revolution von 1848* mit ihrer sozialistischen Seite, nach der *Pariser Kommune von 1871* und bei der *gewitterschwangern Gegenwart* einleuchtend sein, weshalb auch Leo XIII. voriges Jahr in seiner Encyklika die Notwendigkeit des Privateigentums mit einer Entschiedenheit betont, wie es die höchste kirchliche Autorität nie zuvor gethan. Und der Papst hat sich nicht damit begnügt, als gottbestellter oberster Lehrer der Menschen den Satz von der Heiligkeit und Unantastbarkeit des Privateigentums einfach auszusprechen ; als christlicher Philosoph hat er auch die Gründe für die Berechtigung des Privateigentums entwickelt und zwar mit jener Tiefe und Klarheit, welche seine Auffassung und Darstellung kennzeichnen. Das Interesse der gestellten Aufgabe berechtigt zu ihrer Erörterung an dieser Stelle ; in einer Pflanzstätte der Kultur dürfte die Besprechung eines Gegenstandes angebracht sein, mit dem *hohe, ideelle Güter* verknüpft sind, wie dies in beredten Worten Vergniaud am 24. April 1793 ausgesprochen : « Le maintien des propriétés, so schlofs er seine Rede, est le premier objet de l'union sociale ; qu'elles ne soient pas respectées, la liberté elle-même disparaît. Vous rendez l'industrie tributaire de la sottise, l'activité de la paresse, l'économie de la dissipation ; vous établissez sur l'homme laborieux, intelligent et économe, la triple tyrannie de l'ignorance, de l'oisiveté et de la débauche. »[2]

---

§ 2. — Das Ureigentum bei den Griechen und Römern.

Die Menschheit mufs das Stadium der *Gütergemeinschaft* durchgemacht haben. Sie hat eine Zeit erlebt, wo die Mutter Erde allen ihren Kindern angehörte, wo sie keinem Stiefmutter war, wo sie keinen « enterbte », wo Grund und Boden nicht mehr im Besitz des einzelnen war als heutzutage das erwärmende Licht, das die Sonne allen spendet, die lebenerneuernde Luft, die ein jeder einatmet, das kühlende Wasser,

---

1) Bebel, l. c., S. 263.
2) Hist. parl. de la Rév., T. XXVI, p. 394.

zu dem die Quelle Arme und Reiche einladet. Darauf nehmen Bezug zahlreiche Stellen der klassischen Litteratur.

Ovid[1]) sagt, dafs erst im eisernen Zeitalter die lange Furche gezogen wurde, den Acker vom Acker zu scheiden :

> Communemque prius ceu lumina solis et auras
> Cautus humum longo signavit limite mensor.

Tibull[2]) singt von einer Generation, die keinen Grenzstein auf die Flur setzte :

> non fixus in agris,
> Qui regeret certis finibus arva, lapis.

Nach Virgil[3]) war einst die Erde « zu gemeinschaftlichem Gebrauche » allen überlassen :

> Ante Iovem nulli subigebant arva coloni ;
> Ne signare quidem aut partiri limite campum
> Fas erat ; in medium quærebant, ipsaque tellus
> Omnia liberius, nullo poscente, ferebat.

Von den Urbewohnern Italiens erzählt Justin,[4]) dafs keiner Privateigentum besafs : « Italiae cultores primi Aborigines fuere : quorum rex Saturnus tantae justitiae fuisse traditur ut neque servierit sub illo quisquam neque quicquam rei habuerit ; sed omnia communia et indivisa omnibus fuerint, velut unum cunctis patrimonium esset. »

Die erwähnten Schriftsteller befleifsigen sich auch, Umstände hinzuzufügen, aus denen annähernd die Periode der Gütergemeinschaft sich erschliefsen läfst.[5])

---

1) Metamorph. I, 135 und 136.
2) I, 3, 43 und 44.
3) Georg. I, 125—129.
4) Justin, XLIII, 1.
5) Ovid, Metamorph., I, 90 ff. :

Nondum caesa suis, peregrinum ut viseret orbem,
Montibus in liquidas pinus descenderat undas,
Nullaque mortales praeter sua litora norant.
Ipsa quoque immunis rastroque intacta nec ullis
Saucia vomeribus per se dabat omnia tellus;
Contentique cibis nullo cogente creatis
Arbuteos fetus montanaque fraga legebant
Cornaque et in duris haerentia mora rubetis
Et quae deciderant patula Iovis arbore glandes.
Ver erat aeternum, placidique tepentibus auris
Mulcebant zephyri natos sine semine flores.
Mox etiam fruges tellus inarata ferebat,
Nec renovatus ager gravidis canebat aristis;
Flumina jam lactis, jam flumina nectaris ibant,
Flavaque de viridi stillabant ilice mella.
. . . .
(Im eisernen Zeitalter) itum est in viscera terrae,
Quasque recondiderat Stygiisque admoverat umbris,
Effodiuntur opes, inritamenta malorum.
Iamque nocens ferrum ferroque nocentius aurum
Prodierat ; prodit bellum quod pugnat utroque
Sanguineaque manu crepitantia concutit arma.

Tibull III, 35 f. :
Quam bene Saturno vivebant rege, priusquam
  Tellus in longas est patefacta vias !
Nondum caeruleas pinus contempserat undas,
Effusum ventis praebueratque sinum,
Nec vagus ignotis repetens compendia terris
  Presserat externa navita merce ratem.
Illo non validus subiit juga tempore taurus,
Non domito frenos ore momordit equus,
Non domus ulla fores habuit, non fixus in agris,
Qui regeret certis finibus arva, lapis.
Ipsae mella dabant quercus, ultroque ferebant
  Obvia securis ubera lactis oves.

Boileau, Epître III :
Le blé, pour se donner, sans peine ouvrant la terre,
N'attendait point qu'un bœuf, pressé de l'aiguillon,
Traçât à pas tardifs un pénible sillon.
La vigne offrait partout des grappes toujours pleines,
Et des ruisseaux de lait serpentaient dans les plaines.

Noch war die Riesenflichte nicht von den heimatlichen Bergen herabgestiegen, um mit gepanzerter Brust kühn durch der Wellen Fläche zu ziehen nach fernen Gestaden. Noch war der schaffende Mensch nicht gedrungen bis in die Tiefen der Erde, bis in die Nähe der Styx, um heraufzuholen aus dunklem Schacht das Eisen und das Gold und mit ihnen Streit und Verderbnis. Noch durchfurchte nicht die aufwühlende Pflugschar den lockern und ergiebigen Boden. Von sich selbst brachte die Erde alles im Überflufs hervor: goldene Saatenfelder wogten auf und nieder; es flofs das Land von Milch und Honig; es nährten sich die Menschen von den Früchten, welche die Bäume ihnen zuwarfen; aus Zeus' heiligem Baum, der Eiche, schwitzte süfsschmeckender Honig. Ein ewiger Frühling herrschte in der Natur. Noch wohnten die Sterblichen nicht in Häusern, sondern hielten sich gleich den Cyclopen Homers in Höhlen auf. Keine Gesetzgebung zügelte ihr freies Walten. Als einzige Regierung hatten sie die δυναστεία, die Gewalt des Familienvaters über sein Haus und sein Gesinde. Sie berieten ihre Angelegenheiten nicht in öffentlichen Versammlungen; sie hatten keine Richter, Strafen zu verhängen. Ohne sich um den Nachbar zu kümmern, verlangte der Hausherr von Frau und Kindern Gehorsam und Unterwürfigkeit.

Schiffahrt, Gewerbe, Künste und selbst der Ackerbau waren jener kommunistischen Zeit unbekannt. Daraufhin fällt dieselbe nach den meisten Erklärern an den angeführten Stellen mit der untersten Kulturstufe zusammen, der Herrschaft des Saturnus, mit dem Zustand der Wildheit, in welchem die Menschen als Jäger und Nomaden ihr Dasein fristeten. Diese Interpretation zwingt uns, die Annahme einer Gütergemeinschaft der klassischen Völker in Griechenland und Italien als unhistorisch auszuschliefsen.

Die *Pelasger*, welche die Hellenen als die ersten in Griechenland betrachteten, waren «ein *ackerbautreibendes und sefshaftes* Volk, welches die Felsen geebnet, die Wälder gelichtet, die Sümpfe getrocknet, dem Lande seine erste Weihe gegeben und die heiligen Berghöhen ausgewählt hat, auf denen alle Zeit hindurch der Gott des Himmels ohne Bild und Tempel angerufen wurde. Phrygien, jenes weite Hochland, im Norden vom Sangarios, im Süden vom Maiandros bewässert, wegen seiner reichen Ackerfluren und seiner vorzüglichen Weiden im ganzen Altertume berühmt, warm genug für den Weinbau, gesund und zur Ernährung kräftiger Völker wohl geeignet, kann als das Stammland des grofsen phrygisch-hellenischen Völkergeschlechts angesehen werden. In diesen Gegenden müssen die wichtigsten Völkerteilungen stattgefunden, hier mögen nach Abtrennung der Italiker die Griechen erst als ein Zweig der phrygischen Nation, dann aber als ein besonderes Volk gewohnt haben.»[1])

«Alle Spuren deuten dahin, dafs, während die Indogermanen wahrscheinlich ein Hirtenleben führten und nur etwa die wilde Halmfrucht kannten, die *Græcoitaliker* ein korn-, vielleicht sogar schon ein weinbauendes Volk waren. Für den engsten Zusammenhang des beiderseitigen Feldbaus zeugt die Gemeinschaftlichkeit aller ältesten hierher gehörigen Ausdrücke: ager ἀγρός; aro aratrum ἀρόω ἄροτρον; ligo neben λαχαίνω; hortus χόρτος; hordeum κριθή; milium μελίνη; rapa ῥαφανίς; malva μαλάχη; vinum οἶνος; und ebenso das Zusammentreffen des griechischen und italienischen Ackerbaus in der Form des Pfluges, der auf altattischen und römischen Denkmälern ganz gleichgebildet vorkommt; in der Wahl der ältesten Kornarten: Hirse, Gerste, Spelt; in dem Gebrauch, die Ähren mit der Sichel zu schneiden und sie auf der glattgestampften Tenne durch das Vieh austreten zu lassen; endlich in der Bereitungsart des Getreides; puls πόλτος, pinso πτίσσω, mola μύλη; denn das Backen ist jüngeren Ursprungs und wird auch deshalb im römischen Ritual statt des Brotes stets der Teig oder Brei gebraucht. Dafs auch der Weinbau in

---

1) Griechische Geschichte von Ernst Curtius. I, S. 29, 30, 32.

Italien über die älteste griechische Einwanderung hinausgeht, dafür spricht die Benennung «Weinland» *(Οἰνωτρία)*, die bis zu den ältesten griechischen Anlandern hinaufzureichen scheint. Danach mufs *der Übergang vom Hirtenleben zum Ackerbau* oder genauer gesprochen die Verbindung des Feldbaus mit der älteren Weidewirtschaft stattgefunden haben, nachdem die Indier aus dem Mutterschofs der Nationen ausgeschieden waren, aber *bevor die Hellenen und die Italiker ihre alte Gemeinsamkeit aufgaben.* Sicher ist der Ackerbau für die græcoitalische Nation der Keim und der Kern des Volks- und Privatlebens geworden und als solcher im Volksbewufstsein geblieben. Das Haus und der feste Herd, den der Ackerbauer sich gründet anstatt der leichten Hütte und der unsteten Feuerstelle der Hirten, werden im geistigen Gebiete dargestellt und idealisiert in der Göttin Vesta oder ʽΕστία, fast der einzigen, die nicht indogermanisch und doch beiden Nationen von Haus aus gemein ist. Eine der ältesten italischen Stammsagen legt dem König Italus, oder, wie die Italiker gesprochen haben müssen, Vitalus oder Vitulus die Überführung des Volkes vom Hirtenleben zum Ackerbau bei und knüpft sinnig die ursprüngliche italische Gesetzgebung daran; nur eine andere Wendung davon ist es, wenn die samnitische Stammsage zum Führer der Urkolonien den Ackerstier macht oder wenn die ältesten latinischen Volksnamen das Volk bezeichnen als Schnitter (Siculi) oder als Feldarbeiter (Opsci). Es gehört zum sagenwidrigen Charakter der sogenannten römischen Ursprungssage, dafs darin ein städtegründendes Hirten- und Jägervolk auftritt; Sage und Glaube, Gesetze und Sitten knüpfen bei den Italikern wie bei den Hellenen durchgängig an den Ackerbau an. Nichts ist dafür bezeichnender als die enge Verknüpfung, in welche die älteste Kulturepoche den Ackerbau mit der Ehe wie mit der Stadtgründung setzte. So sind die bei der Ehe zunächst beteiligten Götter in Italien die Ceres und Tellus; in Griechenland die Demeter, wie denn auch in alten griechischen Formeln die Gewinnung von Kindern selber «Ernte» heifst; ja die älteste römische Eheform, die Confarreatio, entnimmt ihren Namen und ihr Ritual vom Kornbau. Die Verwendung des Pflugs bei der Stadtgründung ist bekannt.»[1])

Ist nun die Gütergemeinschaft eine Einrichtung von Jäger- und Hirtenvölkern, würde sie nicht einen gewaltigen Rückschritt für die heutige Civilisation bedeuten?

Ovid hingegen verlegt die Einführung des Ackerbaues in das silberne Zeitalter, und erst in das eiserne die Teilung der Äcker.[2]) Zudem schildert er die Sitten des ersten und zweiten Zeitalters in so schönen Farben, dafs sie nicht Wilde und Barbaren zu nennen sind. Sie übten die Tugend, sie pflegten die Gerechtigkeit, nicht aus Furcht vor Strafe, sondern weil ihr Herz rein und lauter war. Ihre Tage flossen sorglos dahin, Krieger brauchten sie nicht zu schützen vor Verbrechern. Liebe und Eintracht verband sie alle unter einander, Friede und Glück waren ihnen beschieden, bis das unselige eiserne

---

1) Römische Geschichte von Theodor Mommsen. Ier Band, zweite Aufl., S. 18 ff.
2) Metam, I, 114 f.   subiit argentea proles.
. . . .
Semina tum primum longis Cerealia sulcis
Obruta sunt, pressique jugo gemuere iuvenci.
125 f: Tertia post illam successit aënea proles.
. . . .
Communemque prius ceu lumina solis et auras
Cautus humum longo signavit limite mensor.

Zeitalter mit all seinen Greueln kam.[1]) Ist das nicht jener Morgen im Leben der Menschheit, den Victor Hugo in seiner majestätischen Weise verherrlicht, indem er singt:

> L'aurore apparaissait; quelle aurore? Un abîme
> D'éblouissement, vaste, insondable, sublime,
> Une ardente lueur de paix et de bonté.
> C'était aux premiers temps du globe;
> . . . .
> La prière semblait à la clarté mêlée;
> . . . .
> Tout avait la figure intègre du bonheur;
> Pas de bouche d'où vint un souffle empoisonneur;
> . . . .
> L'Enfer balbutiait quelques vagues huées
> Qui s'évanouissaient dans le grand cri joyeux
> Des eaux, des monts, des bois, de la terre et des cieux;
> . . . .
> Et la lumière était faite de vérité;
> Et tout avait la grâce, ayant la pureté.
> Tout était flamme, hymen, bonheur, douceur, clémence,
> Tant ces immenses jours avaient une aube immense. [2])

Sind diese Schilderungen des *goldenen Zeitalters* nicht Erinnerungen an das *paradiesische* Leben der ersten Menschen, das nicht blofs der Dichtung und Sagenwelt, sondern auch der Geschichte angehört und das eine viel höhere Kulturstufe bezeichnet als die vermeintliche Wildheit?

Und in Bezug auf diesen Urzustand der Gerechtigkeit und Heiligkeit ist es ebenfalls *theologische*[3]) sentenia communis, dafs in demselben eine Teilung der Güter nie stattgefunden haben würde und das Privateigentum überhaupt nie aufgekommen wäre. Höchstens hätte dies sich erstreckt auf bewegliche Güter, von denen diejenigen, an die sich besondere Erinnerungen knüpften, die einem lieb und teuer geworden waren, in dem Besitze des einzelnen hätten bleiben können. Für jenen Zustand nämlich sollen die

---

1) Metamorph. I, 89 f.
Aurea prima sata est aetas, quae vindice nullo,
Sponte sua, sine lege fidem rectumque colebat.
Poena metusque aberant, nec verba minacia fixo
Aere legebantur, nec supplex turba timebat
Iudicis ora sui, sed erant sine iudice tuti.
....sine militis usu
Mollia securae peragebant otia gentes.
Metam., I. 144 f. (eisernes Zeitalter):
Vivitur ex rapto; non hospes ab hospite tutus,
Non socer a genero; fratrum quoque gratia rara est;
Imminet exitio vir conjugis, illa mariti;
Lurida terribiles miscent aconita novercae;
Filius ante diem patrios inquirit in annos;
Victa jacet pietas, et virgo caede madentes
Ultima coelestum terras Astraea reliquit.

2) La légende des siècles. I, Le sacre de la femme.
3) Suarez, tractatus primus de opere sex dierum liber. V cap. VII, n. 17.

Gründe, die für das Privateigentum nach dem Falle der Menschen sprechen, wegfallen. Seitdem der Schöpfer den Fluch über die Erde gesprochen, trägt sie Disteln und Dornen; das Paradies hatte den Lebensbaum und reichlichen Segen an sonstigen Früchten. Nach der Sünde muſs der Mensch in seinem Egoismus durch das Selbstinteresse zur Thätigkeit angespornt werden; ohne dieselbe wäre die Arbeit für jeden ein Bedürfnis und ein Vergnügen gewesen. Heutzutage würde das Kollektiveigentum steter Anlaſs zu endlosem Hadern und Zanken werden, was in dem Zeitalter der Liebe und des Gemeinsinns unmöglich gewesen wäre.

So schreibt der hl. Papst Clemens[1]) der Gemeinde von Jerusalem, die *Sünde* habe das Privateigentum geschaffen. «Communis usus omnium, quae sunt in hoc mundo, omnibus hominibus esse debuit; sed *per iniquitatem* alius dixit hoc esse suum, alius istud, et sic inter mortales facta est divisio.» Diese Worte sind nicht so zu deuten, als ob in der Teilung etwas Sündhaftes liege, sondern ihren Sinn hat de Lugo[2]) richtig erfaſst, der sagt: « facta est divisio *occasione peccati, tum originalis*, quod si non praecessisset, non fuisset necessaria divisio — singuli enim haberent absque labore omnia ad vitam necessaria — tum peccatorum *actualium*, quae *timebantur*, si divisio non fieret in *tanta* hominum *multitudine et natura corrupta*. Unde *consulit* S. Clemens fidelibus Hierosolymitanis, ut sicut *morum integritate* statum innocentiae imitabantur, sic aemularentur bonorum communium usum, qui in illo felici statu retentus fuisset.»

Diese Ansicht von dem Gegensatze zwischen der paradiesischen Gütergemeinschaft und deren Teilung nach der Sünde erklärt manche gewagten Ausdrücke der Kirchenväter. Der hl. Chrysostomus[3]) spricht sich bitter aus über das kalte Wort « Mein und Dein » : « meum et tuum frigidum verbum et malorum omnium incentivum».

Doch darf diese theologische Sentenz nicht urgiert werden. Auch im Stande der Heiligkeit wäre Privateigentum zuläſsig gewesen. Ein positives Verbot desselben hat Gott nicht erlassen, und die Vernunft könnte nichts gegen dessen Bestehen einwenden. Es verstöſst weder gegen die Gerechtigkeit noch gegen eine andere Tugend. Eine gewisse Ausbildung desselben wäre sogar wahrscheinlich gewesen. « Distinquendum videtur, sagt Suarez an der bereits angeführten Stelle, inter bona mobilia et immobilia. Nam mobilia magis sunt subjecta divisioni, quia eo ipso, quod occupantur seu capiuntur, fiunt accipientis. Et hoc jus videtur fuisse *necessarium* etiam in statu innocentiae. Nam qui colligeret fructus arboris ad comedendum, eo ipso acquireret peculiare jus in illis, ut possit illis libere uti, et non possent invito possidenti auferri sine injustitia. At vero in bonis immobilibus non esset necessaria similis divisio, et de illis principaliter loquuntur dicti auctores. Considerandum vero ulterius est, potuisse homines in eo statu operari terram et fortasse aliquam eius partem seminare. Inde ergo necessario fieret consequens, ut postquam aliquis particulam terrae coleret, non posset juste ab aliis privari usu, et quasi possessione illius : quia ipsa naturalis ratio et ordo conveniens hoc postulat. Potuisset etiam unus introduci ut qui semel illam particulam terrae occuparet, tamquam propriam illam possideret, quamdiu illam non dimitteret : et idem dici potest de particula terrae ad habitationem et quasi domicilium destinata. Haec tamen quasi nihil reputantur : et ideo absolute negatur divisio bonorum in illo statu. Praeterquam quod etiam in illis rebus possent esse variae consuetudines non repugnantes illi statui : quae ex vario arbitrio hominum penderent ; et ideo nihil certum de illis dici potest. »

Hitze hält die Meinung, daſs nur infolge der Sünde eine Sonderung des Eigentums stattgefunden habe, für wenig begründet. « Eine gewisse Sonderung des Besitzes, so führt er aus, war schon der

---
1) Epist. 5 in cap. Dilatissimis, 12 quaest. 2.
2) De Lugo, de justitia et jure, disput. II, sect. 1, n. 3.
3) Oratio de sancto Philogen. ; vgl. Ambrosius, lib. 7 in Lucam, cap. 12. Nolite solliciti esse.

Ordnung wegen nötig : die einen mufsten diese Feldflur in Bearbeitung nehmen, die andern jene, die einen hier Wohnung nehmen, die andern dort, und den geteilten Arbeitsfeldern und geteilten Arbeitsabteilungen und Wohnungen entsprach auch wohl die Teilung der Arbeitsfrüchte. Und wie im Grofsen, so im Kleinen : die natürlichste Unterlage der Arbeitsteilung war die Felderteilung, an die Felderteilung lehnte sich an die Zuteilung der Wohnungen, wobei wir freilich nicht an heutige Wohnungen zu denken brauchen — der Einteilung der Felder und Arbeiter und Wohnungen folgte wieder die Zuweisung der Arbeitsfrüchte. Und mit dem Eigentum der einzelnen Familien bildete sich auch weiter wieder Privateigentum ihrer Glieder, gerade so gut wie heute : wer den Apfel brach, hatte auch zunächst Anspruch darauf, ihn zu essen; wer die Blume gepflanzt, sie zu pflücken. Jeder *anerkannte von selbst freudig* dieses Recht, weil es der natürlichen Empfindung — dem Rechtsgefühl entspricht. Man mufs eben von den heutigen Härten des Eigentums abstrahieren, die ja bei der *Liebe*, die alle Glieder der Gemeinschaft im Stand der ursprünglichen Heiligkeit umschlingen müfste, und bei der *Fülle* der Güter wegfielen. Auch in der Fülle des Gnadenstandes hat die individuelle *Persönlichkeit* ihre gewisse Berechtigung ; nur weil sie immer geneigt ist, übers Mafs hinaus sich geltend zu machen, müssen wir stets gegen sie den Krieg erklären. Damit ist auch die Frage des *Privateigen* entschieden. Ich wüfste nicht, wie das mit der Heiligkeit und Glückseligkeit unvereinbar sein sollte — mir scheint's nur der Ausdruck der freien Persönlichkeit zu sein und der persönlichen Stellung und Würde des Menschen mehr zu entsprechen als ein *unterschiedsloses All-Eigen*.»[1])

Man mag das goldene Zeitalter erklären, wie man will, es enthält auch nicht die leiseste Andeutung von einer ursprünglichen Gütergemeinschaft der klassischen Völker in Griechenland und Italien.

Ist es die Beschreibung der Lebensweise wilder Stämme, so pafst sie nicht auf die Gräcoitaliker, da diese bereits bei ihrer Anlandung in Europa Ackerbau treibende Völker waren.

Sieht man darin einen Zustand der Heiligkeit und Gerechtigkeit, mit dem allein die Gütergemeinschaft vereinbar, aber nicht unzertrennlich verbunden ist, so waren die Griechen und Römer, wie überhaupt alle Menschen, von dieser sittlichen Höhe herabgesunken.

Wenn wir nun das graue Altertum verlassen, die Zeiten, die sich im Dunkel der Nacht verlieren, um die Eigentumsverhältnisse der *kornbauenden* Griechen und Römer zu studieren, so ist bis zu den ersten Anfängen dieses Zeitraums hinauf *nirgends das gesamte Volk oder der ganze Stamm* als Eigentümer der bestellten Erde anzutreffen. Die Bedenken, die in den letzten Jahrzehnten von Viollet[2]) inbetreff der Griechen, von Mommsen[3]) inbezug auf die römische Geschichte erhoben und von Laveleye[4]) in unveränderter Form wiederholt wurden, sind durch die gründliche und siegreiche Widerlegung Fustel de Coulanges'[5]) vollständig zu nichte geworden. Dieser Gelehrte hat alle zu Gunsten einer ursprünglichen Gütergemeinschaft herangezogenen Zeugnisse geprüft, und vor seiner gewissenhaften Kritik hat kein einziges die Probe bestanden. Er ist dann auch weiter gegangen und hat positive Beweise für das Bestehen des Privateigentums vorgebracht.

1) Hitze, l. c., S. 115.
2) P. Viollet, Du caractère collectif des premières propriétés immobilières, dans la Bibliothèque des Charles, 1872, pages 455—504.
3) Mommsen, l. c., I, S. 171.
4) De Laveleye, l. c., S. 360-404.
5) Le problème des origines de la propriété foncière, dans la Revue des questions historiques, 1889. — Nouvelles recherches sur quelques problèmes d'histoire, I.

A. Das Privateigentum bei den Griechen.

Die Hauptschwierigkeiten gegen die Annahme des Privateigentums bei den Griechen sind Spuren von Gütergemeinschaft, die man noch in der geschichtlichen Zeit entdecken will. So erzählt Diodor von Sicilien [1]), wie *Knidier und Rhodier* die liparischen Inseln kolonisiert haben. Da sie aber viel von den tyrrhenischen Piraten zu leiden hatten, rüsteten sie Fahrzeuge aus, um sich zu verteidigen, und sie teilten sich in die Arbeit: die einen bebauten das Land der Inseln, die für eine Zeit lang Gemeingut wurden; die andern waren mit der Abwehr betraut. Nachdem sie so ihre Hilfsmittel zusammengelegt hatten, veranstalteten sie öffentliche gemeinsame Mahlzeiten und führten mehrere Jahre hindurch ein gemeinschaftliches Leben; aber in der Folge teilten sie sich die Ländereien von Lipara, wo ihre Stadt war; die andern Inseln wurden noch einige Zeit gemeinschaftlich bebaut. Schliefslich wurden auch diese verteilt und zwar für zwanzig Jahre: was sie nach Ablauf dieser Frist thaten, ist nicht klar. Diodor drückt sich folgendermafsen aus: $\tau\dot{\alpha}\varsigma$ $\nu\acute{\eta}\sigma o \nu \varsigma$ $\varepsilon \dot{\iota} \varsigma$ $\varepsilon \ddot{\iota} \varkappa o \sigma \iota$ $\ddot{\varepsilon} \tau \eta$ $\delta \iota \varepsilon \lambda \acute{o} \mu \varepsilon \nu o \iota$, $\pi \acute{\alpha} \lambda \iota \nu$ $\varkappa \lambda \eta \varrho o \nu \chi o \tilde{\nu} \sigma \iota \nu$ $\ddot{o} \tau \alpha \nu$ $\dot{o}$ $\chi \varrho \acute{o} \nu o \varsigma$ $o \tilde{\nu} \tau o \varsigma$ $\delta \iota \acute{\varepsilon} \lambda \vartheta \eta$.

Aus dieser Episode und vornehmlich aus dem letzten Satze glaubt Viollet [2]) schliefsen zu dürfen, « noch zur Zeit des Augustus und vor den Thoren Roms sei das Privateigentum bei den Griechen nicht eingebürgert gewesen. » Diese Verwertung des Textes in kommunistischem Sinne beruht einzig und allein auf einer philologischen Interpretation, namentlich auf der ungewöhnlichen Verwendung von $\pi \acute{\alpha} \lambda \iota \nu$ in dem Sinne von « periodisch », auf der vielumstrittenen Übersetzung « bis zu Diodor's Zeiten habe alle zwanzig Jahre eine Verlosung der Ländereien stattgehabt. » Aus dem Ganzen geht vielmehr hervor, dafs bei den Liparensern wie bei allen ihren Stammgenossen das Privateigentum die normale Einrichtung war. Ein aufsergewöhnlicher Umstand legte ihnen die Zweckmäfsigkeit der Gütergemeinschaft für eine gewisse Dauer nahe. Ihre Sicherheit war von Seeräubern bedroht. Aber kaum ist die Gefahr vorüber, so gründen sie auf der gröfsten Insel des äolischen Archipels, auf Lipara, eine Stadt und teilen nach Brauch und Sitte der Griechen die Ländereien unter sich. Ebenso löste sich auf den kleinern Inseln das Kollektiveigentum.

Pythagoras soll in seinem $\sigma \acute{\nu} \sigma \tau \eta \mu \alpha$, Kollegium, in welchem aus allen Städten Unteritaliens, besonders aus Kroton, bis an 2000 lernbegierige junge Leute zusammengeströmt waren, die Gütergemeinschaft eingeführt haben.

Diese Angabe einer Biographie des Pythagoras, die 800 Jahre nach dessen Tode verfafst wurde, ist falsch. Die Einrichtung der Pythagoreischen Lehrschule ist weiter nichts als eine durch die Verhältnisse und den Charakter des Lehrers leicht erklärliche Verwaltungsform. Durch seine Lebenslage war Pythagoras in den Stand gesetzt, seiner persönlichen Denkweise gemäfs zu handeln, nach welcher es gegen die Würde der Wissenschaft und seinem Ansehen bei den Schülern schädlich gewesen wäre, Geld von ihnen anzunehmen. Um deshalb auch den geringsten Schein des Eigennutzes zu vermeiden, übernahm der hochsinnige und selbstlose Mann die Geldverwaltung für seine Schüler nicht, sondern überliefs diese ihnen selbst. Bei ihrem Eintritt in die Anstalt entrichteten sie bestimmte Beiträge, die in eine gemeinsame Kasse flossen, und aus dieser wurden die sämtlichen Unkosten der Schule bestritten, und zwar durch aus der Mitte der Zöglinge selbst gewählte Wirtschafter ($o \dot{\iota} \varkappa o \nu \acute{o} \mu o \iota$). « Weiter aber als auf die Grenzen der Schule, auch noch aufserhalb der Schule und über den Aufenthalt in der Schule hinaus bis in das bürgerliche Leben diese Einrichtung ausdehnen zu wollen, fiel dem Pythagoras gar nicht ein, und es wird, was sich eigentlich von selbst versteht, auch noch ausdrücklich berichtet, wie es seine Meinung gewesen sei, dafs die nach dem Ablaufe ihrer Bildungszeit aus der Schule ins bürgerliche Leben übergetretenen, aus der

---

1) V, 9.
2) l. c., S. 468.

Schule also Geschiedenen, — wenn auch natürlich mit ihr in Verbindung Bleibenden, — nach wie vor ihr Privatvermögen für sich besitzen sollten. Den Besitz von Privatvermögen beweisen selbst die Erzählungen von grofsartigen Geldunterstützungen, womit einzelne Pythagoreer in hochsinniger Ausübung des Grundsatzes (ihres Meisters): κοινὰ τὰ τῶν φίλων (« den Freunden ist alles gemeinsam ») verunglückten Genossen wieder aufhalfen, wie z. B. Klinias von Tarent bei der Nachricht von den Verlusten eines Angehörigen der Schule, des Proros in Kyrene, die Seefahrt dorthin unternahm, und mit einem Teil seines eigenen Vermögens dessen Angelegenheiten wieder ordnete. Auf ähnliche Weise kam der Posidonier Thestor dem Parier Thymaridas zu Hülfe. Beide Fälle setzen auf beiden Seiten Privatbesitz voraus, und in beiden Fällen ist es gerade die unerwartete Hilfe aus Privatmitteln, die das Wesentliche des Freundschaftsdienstes war. Schon die Ausbreitung der Pythagoreer über die ganze griechische Welt von Karthago über Sizilien, Italien, das eigentliche Griechenland und die Inseln bis nach Kyrene in Afrika steht dem unsinnigen Gedanken an eine Gütergemeinschaft aller Pythagoreer im bürgerlichen Leben entgegen. »[1])

Und selbst wenn die Pythagoreische Genossenschaft auf der Gütergemeinschaft aufgebaut gewesen wäre, so würde das wenig für Grofsgriechenland beweisen. In der katholischen Kirche bieten viele Klöster dieses Schauspiel. Es wird aber bei der Wahrnehmung desselben niemanden einfallen, verallgemeinernd dasselbe in der ganzen christlichen Welt vorauszusetzen. Für eine verhältnismäfsig kleine, dabei auserlesene Schar, die nach Vollkommenheit strebt, ist die Gütergemeinschaft durchführbar und wünschenswert, für die Menge, die das Gemeine bändigt, bleibt sie stets ein Traumgebilde, eine Utopie, ein Ding der Unmöglichkeit. Es ist schwer zu begreifen, wie so manche, und unter diesen selbst Männer der Wissenschaft, wie de Laveleye, die Gütergemeinschaft für den Volkshaufen anstreben, unter den Ordensleuten aber mit Entrüstung geifseln, und die Bemerkung Leroy-Beaulieu's ist gewifs zutreffend. « Admirez », ruft er aus, « la contradiction de ces réformateurs ; ils blâment « le sentiment d'individualisme, d'égoïsme, qui caractérise les temps modernes », et, d'autre part, ils n'ont pas assez d'invectives et de peines contre les associations qui, comme les congrégations religieuses, subordonnent l'individu à la communauté et placent la volonté réfléchie de celle-ci au-dessus des velléités changeantes de celui-là. »[2])

Auch auf Tarent berufen sich die Anhänger der Kollektiveigentumstheorie. « Eine einsichtsvolle Aristokratie,» heifst es bei Aristoteles, [3] «wacht über die Armen und verschafft ihnen Arbeitsmittel ; sie wird wohl thun, die Tarentiner nachzuahmen ; diese haben Güter, deren Nutzniefsung sie den Armen überlassen, und so gewinnen sie das niedere Volk. » Gleicht das hier Beschriebene dem, was vorgegeben wird ? Es ist eine Veranstaltung zu Gunsten der Armen, zu Wohlthätigkeitszwecken.

In Locri und Rhegium, so versichert man, hat das gesamte Volk gemeinschaftlich die Erde angebaut. Indessen steht dergleichen nichts bei Aelian, der citiert wird. [4]) Es wird dort ein Vertrag erwähnt, der den Einwohnern von Locri gestattet, sich auf dem Gebiete von Rhegium niederzulassen, wie es auch umgekehrt geschehen durfte.

Dieselbe Bewandtnis hat es mit den Arunci. Virgil sagt einfach :
Arunci Rutulique serunt, et vomere duros
Exercent colles, atque horum asperrima pascunt.

Für Kreta als die Insel der Freiheit, der Gleichheit, der Brüderlichkeit, schwärmte die französische Revolution. 1793 wandte sich Hérault de Séchelles an alle Bibliotheken, um die Gesetze des Minos, «des

---
1) Geschichte unserer abendländischen Philosophie von Dr. Eduard Röth. Zweiter Band, S. 478.
2) Le Collectivisme, par Leroy-Beaulieu, p. 154.
3) Polit., VI, 3, 5.
4) V, 9.

weisesten und besten aller Könige »¹) zu haben, auf dafs man nach ihnen dem französischen Volke eine Verfassung gebe.

Freiheit hatten in der That die *Bürger* von Kreta. Der Regierung, den *κόσμοι* gegenüber, hatten sie das « *heilige Insurrektionsrecht* ». « Les Crétois, » sagt Montesquieu, « pour tenir les premiers magistrats dans la dépendance des lois, employaient un moyen bien singulier, c'était *celui de l'insurrection*. Une partie des citoyens se soulevait, mettait en fuite les magistrats et les obligeait de rentrer dans la vie privée. *Cela était ainsi fait en conséquence de la loi*. »²) Der Bürger arbeitete nicht, er war blofs Krieger und sang bei Tisch : « Mein grofser Reichtum ist meine Lanze ; mein Schwert und mein Schild sind meine treuen Hüter. Mit meinen Waffen pflüge ich, mit ihnen ernte ich ; mit ihnen presse ich aus den süfsen Rebensaft, durch sie bin ich Herr meiner Sklaven. Die, welche Lanze, Schwert und den treuen Schild nicht tragen können, fallen mir zu Füfsen, verehren mich als ihren Herrn und König. »³) Die armen *Sklaven* mufsten für die Bürger das Brot schaffen ; sie hüteten die Herden, bestellten die Äcker, drehten die Mühle und safsen am Webstuhl. *Ein grofser Teil der Bevölkerung seufzte bei harter Arbeit. Das ist die Gleichheit auf Kreta.* Und doch soll die Brüderlichkeit auf der Insel seit dem XIV. Jahrhundert v. Chr. in vielen volkreichen Städten mit kommunistischen Einrichtungen geblüht haben ! Von solchen weifs die sicherste Quelle für die Geschichte Kreta's nichts. In der Odyssee ⁴) zeigt uns der Dichter einen Kreter « geehrt vom Volke wegen seines *Reichtums* ». *Das neulich aufgefundene Gesetz von Gortyna*, einer der bedeutendsten Städte des Landes, *zeigt uns das Privateigentum* mit einer Organisation, die der unsrigen sehr nahe kommt.⁵) Jedenfalls war im 2. Jahrhundert vor Christus von einer Gütergemeinschaft nichts übrig geblieben : der Geschichtsschreiber Polybius konstatiert die Akkumulation von Reichtümern und stellt den Kretensern das Zeugnis aus, dafs Habsucht und Geldgier ihre hervorragendsten Eigenschaften seien, dafs sie keinen Gewinn für unerlaubt halten.⁶) Waren sie früher Kommunisten, so haben sie durch ihre Sitten diese Lebensweise wenig empfohlen ; denn schon gegen 650 sagt von ihnen der Dichter und Seher Epimenides, was der hl. Paulus auf die Kreter seiner Zeit anwendet : « Kreter sind immerdar Lügner, bös' Tiere, müfsige Bäuche ».⁷)

Dieselbe warme Begeisterung hatte man gegen Ende des vorigen Jahrhunderts für *Sparta*. Frau Roland weinte, dafs Gott sie nicht als Bürgerin von Sparta hatte geboren werden lassen, und als Gebetbuch brachte sie in die Kirche Plutarch mit, der die meisten spartanischen Züge gesammelt hat.⁸) Helvétius läfst in seinem Buche : « De l'homme et de l'éducation » einen Adligen die Reichen und Grofsen also anreden : « Hommes sans pudeur, sans humanité et sans vertus, qui concentrez en vous seuls toutes vos affections, sachez que Sparte était sans luxe, sans monnaie d'argent, et que Sparte était heureuse ! Sachez que, de tous les Grecs, suivant Xénophon, les Spartiates étaient les plus heureux ! »

Schon Vergniaud hat die Männer der Revolution darauf aufmerksam gemacht, wie unbegründet dieser Enthusiasmus für Sparta sei. Er sagte ihnen : « Soyez conséquents comme Lycurgue ! .... Étouffez l'industrie des Français, ne mettez entre leurs mains que la scie et la hache. Flétrissez par l'infamie

---
1) Fénelon, Télém., V.
2) Esprit des lois, liv. VIII, chap. XI.
3) Athenaeus, bei Thonissen, « Le Socialisme », S. 18.
4) XIV, 205.
5) Vgl. den Artikel « Socialisme » von Eug. d'Eichthal, in dem von Say herausgeb. Dict. de l'économie politique.
6) Polyb., VI, 46, 47.
7) Ep. ad Titum, I, 12.
8) Granier de Cassagnac, Causes de la Révol. franç., T. II, ch. XII.

l'exercice de tous les métiers utiles ; déshonorez les arts, et surtout l'agriculture. Que les hommes auxquels vous aurez accordé le titre de citoyens, ne payent plus d'impôts ; que d'autres hommes, auxquels vous refuserez ce titre, soient tributaires et fournissent à leurs dépenses. Ayez des étrangers pour faire votre commerce, des ilotes pour cultiver vos terres, et faites dépendre votre subsistance de vos esclaves. Il est vrai que de pareilles lois, qui établissent l'égalité entre les citoyens, consacrent l'inégalité entre les hommes ; que si elles ont fait fleurir pendant plusieurs siècles la liberté de Sparte, elles ont maintenu pendant plusieurs siècles l'oppression des villes de la Laconie et la servitude d'Hélos. »[1])

Das war nicht die einzige Schattenseite Sparta's. Wir sind gewohnt, die spartanischen Männer sowohl als die spartanischen Frauen im Tugendglanze strahlend uns vorzustellen. Dieses Bild entspricht nicht der Wirklichkeit: frühzeitig rifs unter den biedern Spartanern allgemeine Sittenverderbnis ein. Mit Abscheu wendet sich daher der Sozialist Malon von diesem Staate ab, den man als Ideal des Kommunismus angepriesen hat : « Il a fallu, sagt er, toute l'étroitesse de vues de certains socialistes pour voir dans Sparte le modèle d'une démocratie égalitaire, et toute la mauvaise foi de certains réacteurs pour donner la tyrannique cité comme le type de toute réalisation communiste. »[2])

Sparta hat lange als die glücklichste und tugendhafteste Stadt gegolten, und dieses Glück und diese Sittlichkeit hat man für Früchte des Kommunismus gehalten. Der erstere Ruhm ist zerstoben, und nun ist auch seine Grundlage erschüttert. Es ist das Verdienst Fustel de Coulanges', die Geschichte in diesem Punkte richtig gestellt zu haben. *In Sparta war nicht Kollektiveigentum, sondern Privateigentum*, und dies nicht blos am *Mobiliarvermögen*, sondern auch an *Grund und Boden*.

Nicht alle Schriftsteller, die über Sparta's Einrichtungen geschrieben haben, sind zuverlässig. Unter diese ist namentlich Plutarch zu rechnen. Aber kein einziger von ihnen deutet auch nur an, dafs das Privateigentum dort nicht bestanden habe. Und doch wäre ihnen eine so auffällige Erscheinung nicht entgangen. Wo sie von Sparta reden, gebrauchen sie nicht einmal den Ausdruck : Gemeingut oder Staatsgut.

Aristoteles[3]) bezeichnet den Besitz der Spartaner mit κτῆσις, κεκτῆσθαι, einem Wort, das vom vollgültigen Eigentum gebraucht wird ; er führt unter ihren Gebräuchen das *Erb- und Schenkungsrecht* an, das keinen Sinn hat, wenn alles Eigentum dem Staate gehört.

Plato[4]) erwähnt eine Tradition, nach welcher das Privateigentum in Sparta ebenso alt ist als die Stadt selbst.

Selbst Plutarch erkennt an, dafs das Privateigentum vor Lycurg vorhanden war, dafs der spartanische Gesetzgeber eine grofse Ungleichheit vorfand, indem bei weitem die meisten Spartaner ohne Eigentum, ἀκτήμονες waren, während der Reichtum sich in wenigen Händen angehäuft hatte.[5]) Deshalb erwirkte er von seinen Mitbürgern, dafs sie ihre Ländereien zusammenlegten und eine neue Teilung vornahmen. Dafs diese Teilung nicht eine regelmäfsig sich erneuernde, sondern ein für allemal abgeschlossen war, bezeugt ausdrücklich Isokrates.[6])

Eine einzige Stelle bei Plutarch scheint gegen das Erbrecht bei den Spartanern zu sprechen. « Dem neugeborenen anerkannten Kinde, sagt er, ist von seinem Geschlechte eines der 9000 Grundstücke zuge-

---
1) Hist. parl. de la Rév., T. XXVI, p. 390.
2) B. Malon, histoire du socialisme, p. 71.
3) Polit., II, 6.
4) Legg. III, S. 684.
5) Lycurg., 8 : Δεινῆς γὰρ οὔσης ἀνωμαλίας καὶ πολλῶν ἀκτημόνων, τοῦ δὲ πλούτου εἰς ὀλίγους συνεῤῥυηκότος.
6) Isok., Panath., § 250.

wiesen worden.»[1]) Dies kann nicht richtig sein, denn es widerspricht 1° der Behauptung des nämlichen Plutarch, der in der Lebensbeschreibung des Königs Agis[2]) betont, dafs seit den Zeiten des Lycurg bis zum peloponnesischen Kriege jedes Grundstück erblich vom Vater auf den Sohn übergegangen sei[3]); 2° dem Fragment des Heraclides,[4]) in welchem dieser Geschichtsschreiber versichert, «die Familie habe nie das Grundstück veräufsern dürfen, das ihr infolge der alten Teilung zugefallen sei»; 3° ist diese Aussage nicht vereinbar mit der Ungleichheit unter den Bürgern an liegenden Gütern, von der Tyrtäus[5]), Herodot[6]) und Aristoteles[7]) reden.

Das Bestehen des Privateigentums in Sparta ist also hinreichend verbürgt. Nur will es scheinen, als ob die bekannten *συσσίτια*, *die öffentlichen Mahlzeiten* der Spartaner sich nicht mit dem Privateigentum vertragen, und als ob nicht ohne Grund Viollet bemerkt habe : « Wo man gemeinschaftlich die Früchte der Erde verzehrt, da mufs ursprünglich diese Erde selbst Gemeingut gewesen sein ». — Das Studium der Quellen belehrt uns jedoch eines andern. Die Syssitien können nicht von einer ursprünglichen Gütergemeinschaft herrühren ; denn

1° 200 Jahre lang haben die Spartaner «zu Hause gespeist, ein jeder nach seiner Weise»[8]); erst Lycurg hat die öffentlichen Mahlzeiten eingeführt.[9])

2° Die Frauen und die Kinder waren von denselben ausgeschlossen;[10]) sie waren für die Männer allein, weshalb sie anfangs *ἀνδρεῖα* hiefsen[11]) : sie machten nicht eine gemeinschaftliche Lebensweise aus.

3° Sie fanden nur *einmal* des Tages statt, am *Abend*,[12]) so dafs die Mahlzeiten in Privathäusern neben diesen möglich waren und faktisch vorkamen. Könige leisteten Einladungen bei angesehenen Bürgern Folge,[13]) und sie selbst zogen Gäste zu ihrer Tafel.[14])

4° Nicht der Staat kam für die Unkosten der Syssitien auf. Das Gesetz verpflichtete jeden Mann, monatlich gegen 54 Kilogramm Mehl, 26 Liter Wein zu liefern, daneben noch für Käse, Feigen zu sorgen und eine bestimmte Summe für Fleisch zu bezahlen.[15])

5° Die *armen* Spartaner durften an denselben nicht teilnehmen : so wenig war der Geist, in welchem die Syssitien eingesetzt worden waren, demokratisch.[16])

---

1) Lycurg. 16.
2) Agis, 5.
3) Bis zum Anfang des IV. Jahrhunderts v. Chr. war das Testament in Sparta untersagt.
4) Fragmenta historicoram græcorum, II, S. 211.
5) Bei Aristoteles, Polit. V, 6.
6) Herod., VII, 134.
7) Polit. V, 6, 7.
8) Respublica Lacedæmoniorum, ein Werk, das Xenophon zugeschrieben wird, 5 : *Λυκοῦργος παραλαβὼν τοὺς Σπαρτιάτας ὥσπερ τοὺς ἄλλους Ἕλληνας οἴκοι σηνοῦντας, γνοὺς ἐν τούτοις πλεῖστα ῥᾳδιουργεῖσθαι* (ein leichtsinniges, müfsiges Leben führen) *εἰς τὸ φανερὸν ἐξήγαγε τὰ συσκήνια καὶ ἆτον ἔταξεν αὐτοῖς.*
9) Herod., I, 65 : *Πρότερον κακονομώτατοι ἦσαν πάντων Ἑλλήνων... Λυκοῦργος μετέστησε τὰ νόμιμα καὶ συσσίτια ἔστησεν.* Plut. Lycurg., 10 : *Ἔτι δὲ μᾶλλον ἐπιθέσθαι τῇ τρυφῇ διανοηθεὶς ἐπῆγε τὴν τῶν συσσιτίων κατασκευήν.*
10) Plato, Legg. VI, S. 781 ; Arist., Pol. II, 7.
11) Arist., Polit. II, 7.
12) Plut., Lycurg., 24.
13) Herod., VI, 57 : *κληθέντας ἐπὶ δεῖπνον πρὸς ἰδιωτέων.*
14) Plut., Kleomenes, 13.
15) Plut., Lycurg., 12.
16) Arist., Polit. II, 6, 21.

6° Die Teilnehmer an den Syssitien bildeten unter sich vollständig abgeschlossene Gruppen von je 15 Mann, ἑταιρεῖαι, in deren Mitte man nur Aufnahme fand, wenn alle einverstanden waren.[1]) Alle diese Einzelheiten weisen auf den *militärischen* Charakter dieser Mahlzeiten hin. Die im Kriege neben einander kämpfen sollten, wollte der Gesetzgeber auch im Frieden zusammenbringen. Gewifs hatte Lykurg auch damit bezweckt, den Sinn für Mäfsigkeit unter den spartanischen Kriegern zu fördern. Anfangs mag man sich wohl mit den vorgeschriebenen Gerichten, mit Brot, der *schwarzen Suppe* (μέλας ζωμός) und dem Stück Schweinefleisch zufrieden gegeben haben; nach und nach fügte man etwas Leckereres hinzu[2]), und im II. Jahrhundert v. Chr. waren sie zu ausschweifenden Gelagen ausgeartet.[3])

Die Syssitien waren ein Mittel, nicht das Privateigentum einzuschränken, wohl aber die bürgerliche Freiheit, die der tyrannische spartanische Staat stets knebelte und unterdrückte.

Neben den Syssitien sieht man in dem Mahl, das die Spartaner κοπίς nannten, eine Erinnerung an ursprüngliche Gütergemeinschaft. Die Feier ist beschrieben bei Athenaeus.[4])

«Zuerst, heifst es dort, errichten die Spartaner Zelte παρὰ τὸν θεόν, vor einem Tempel und dem Bilde der Gottheit; sie bedecken den Boden mit Zweigen und Laubwerk, worüber Teppiche ausgebreitet werden. Sie verzehren das Mahl auf dem Boden liegend; sie laden ein nicht blofs Spartaner und Freunde aus der Gegend, sondern auch Fremde, die auf der Durchreise sind. Ziegen werden geopfert, und nicht andere Tiere. Ein jeder bekommt ein Stück Ziegenfleisch, ein rundes Brötchen, Käse, trockene Feigen und Bohnen. Ein *jeder* Spartaner darf ein solches Mahl geben, κοπίζει ὁ βουλόμενος. Doch giebt man sie in der Stadt blofs am Feste Tithenidia, an welchem man für die Gesundheit der Kinder zur Gottheit betet.» In dieser Beschreibung tritt der Charakter der κοπίς klar hervor: die κοπίς ist ein *religiöses Mahl ganz privater* Natur.

Dasselbe ist zu sagen von den Mahlzeiten, die zu Athen im Prytaneum stattfanden oder vor der Phratria nach vollbrachtem Opfer veranstaltet wurden, wenn der junge Athener in die Geschlechtsgenossenschaft aufgenommen wurde.

Als eines der Hauptargumente für ihre These führen Viollet und ihm sich anschliefsend de Laveleye die κληροδοσία oder κληρουχία an. Diese «Verlosung des Bodens», sagen sie, setzt eine Periode des Kollektiveigentums voraus und schliefst eine periodisch, jährlich wiederkehrende Verteilung wie beim russischen mir in sich. — Diese Verlosung ist eine geschichtliche Thatsache, an der nicht zu zweifeln ist. Zahlreiche Schriftsteller[5]) erwähnen dieselbe, und Jahr für Jahr wurde ihrer am Gründungstage der Stadt gedacht. Nur ist die Schlufsfolgerung, die man aus diesem Brauche zieht, auf Sand gebaut.

Der κληροδοσία geht nicht Gemeinschaft an Grund und Boden voraus. Bei der Gründung von Städten, die, wie Athen, dadurch entstanden, dafs die in der Gegend ansäfsigen φυλαί, φρατρίαι, γένη sich vereinigten zu gemeinsamem Kult und einer Zentralverwaltung, ist nirgends Rede von einer κληρουχία. Die Verteilung

---

1) Plut., Lyc., 12.
2) Cicero, Tuscul., V, 34, jus nigrum quod cenae caput erat. Athen., IV, 49: ἰχθὺν ἢ λαγὼν ἢ φάτταν (wilde Taube) ἤ τι τοιοῦτον. Πολλοὶ δὲ καὶ ποιμὴν αὐτῶν τρέφοντες ἀφθόνως μεταδιδόασι τῶν ἐκγόνων· ἔστι δ' ἡ ματτύα, φάτται, χῆνες, τρυγόνες (Turteltaube), κίχλαι (Krammetsvögel), λαγῴ, ὄρνες, ἔριφοι.
3) IV, 16, 17.
4) Phylarch bei Athen, IV, 20.
6) Diodor, V, 53; V, 59; V, 81; V, 83; V, 84; XII, 11; XV, 23; Odyss., VI, 11; Herod., V, 77; Plato, Legg., III, S. 684—685. Pausanias passim. Diese Stellen erwähnen die Verlosung auf den Cycladen, auf Tenedos, Lesbos und den benachbarten Inseln, auf Sardinien, im Peloponnes bei den Doriern, in Grofsgriechenland. Bei den Römern wird sie bezeugt durch Dionys. Antiq. Rom., II, 3, durch *Varro*, de lingua latina, V, 55: ager romanus primum divisus in partes tres a quo tribus appellata Tatiensium, Ramnium, Lucerum.

der Ländereien wird von denen vorgenommen, die infolge von Auswanderung, Eroberung, Ansiedlung eine Stadt erbauen. Sie ziehen Lose. Aber zwischen der Verlosung und der Besitzergreifung liegt kein Zwischenraum ; beides findet zu derselben Zeit statt. Nach dieser ersten Verlosung bleibt das den einzelnen Ansiedelern durch das Los zugewiesene Grundstück auf immer Privateigentum. Das Wort κλῆρος beweist dies deutlich. Aristoteles [1]) redet von drei Kategorien Ländereien, von denen, die den Göttern, dem Staat und Privatleuten gehören. Die letzteren allein bezeichnet er als κλῆρον, und damit kein Zweifel obwalten könne, fügt er erläuternd hinzu : ἐν τοῖς ἰδίοις τῶν κεκτημένων τὰς οὐσίας. Κεκτημένων enthält den vollen Begriff des Eigentumsrechtes. Das Wort κλῆρος, hat eine vierfache Verwendung : 1. Los [2]), 2. Götterorakel [3]), 3. Grundstück eines Privatmannes [4]), 4. Erbgut [5]). Mit Ausnahme der dritten Bedeutung ist das lateinische sors ebenso reichhaltig [6]).

Der Übergang von Los zu Götterorakel ist nicht schwer herzustellen. Das Los war für die Alten nicht die Entscheidung des Zufalles, sondern die Äufserung des Willens der Götter, wie denn auch der Weissager, besonders aus Sprüchen und Versen, sortilegus hiefs, und Cicero vom Lose sagt : religio sortis [7]). Den nämlichen Sinn legten die Eroberer oder Ansiedler dem Lose bei, wenn sie es über die Verteilung des in Besitz genommenen Landes entscheiden liefsen. Die Götter, die sie gesegnet bei ihrer Abreise aus dem Heimatland, die ihnen schützende Begleiter auf ihrem Zuge gewesen, die durch den Vogelflug die Stätte ihrer Niederlassung begrenzt, die die Stadt eingeweiht, über deren Geschicke sie von nun an bis zu deren Untergang walten sollten, wiesen einer jeden Familie ihr Gut an, auf dafs es vom Vater auf den Sohn von Geschlecht zu Geschlecht vererbt werde. Nach dem ältesten griechischen Rechte war das *Testament* untersagt und blieb es in Athen bis auf Solon herab. Ebenso war es verboten, sein Gut zu *verkaufen*. Für Athen ist dieses Verbot in den Quellen nicht ausdrücklich namhaft gemacht : aber es bestand in Theben, Sparta, Korinth, und nach Aristoteles [8]) fast in ganz Griechenland. Aber gerade in diesem Umstande erkennt man wiederum deutliche Spuren einer ursprünglichen Gütergemeinschaft. « Dem einzelnen Individuum,» so argumentiert man, « kann das Eigentum nicht zu eigen angehört haben ; sonst hätte er es verkaufen und testamentarisch über dasselbe verfügen dürfen ; diese Einschränkungen bezeichnen das *Volk* als Eigentümer von allem Grund und Boden.»

Die Prämissen dieses Syllogismus sind richtig. Der Familienvater durfte nicht eigenmächtig über sein Gut verfügen ; aber daraus folgt noch nicht, dafs das gesamte Volk oberhoheitliche Rechte über allen Grund und Boden hatte. Wäre das der Fall gewesen, so würden die Interessen der Nation doch nur dann geschädigt worden sein, wenn der Besitz in die Hände eines Ausländers gelangt wäre. Ob dieser Bürger

---

1) Polit., VII, 9, 7.
2) Ilias, VII, 175—179; XXIII, 352. Herod., III, 83. Soph. Antig., 396; Electra, 710; Actus Apost., I, 26.
3) Pindar Pyth., IV, 338. Eurip. Hipp., 1057; Phœn., 838.
4) Odyss., XIV, 64 : οἶκον τε κλῆρον τε ; Ilias XV, 498 : Καὶ οἶκος καὶ κλῆρος ἀκήρατος ; Odyss. XIV, 211 : ἄνθρωπος πολύκληρος, reich an Ländereien. Pind. Olymp., XIII, 87. Herod., IX, 94 : Δύο κλήρους καλλίστους καὶ οἴκησιν.
5) Platto Legg., XI, S. 923 : ἐπὶ τὸν κλῆρον πορεύεσθαι. Hipponax (Athen. VII, S. 304) : κατέφαγε τὸν κλῆρον.
6) Sortes Apollinis, Apollo's Orakel (Tit. Liv. I, 56). Lyciae sortes (Verg. Aen. IV, 346). Festus (sors): Dictum fundum . . . quidam primum dicunt appellatam sortem (Frontin. de limitibus, ed. Lachmann, S. 30).
7) Cic. In Cæcilium divinatio, 14. 16.
8) Polit., VI, 2, 5.

oder jener, ob diese oder eine andere Familie Nationalgüter gehabt hätte, würde für das Volk gleichgültig gewesen sein. Die Bestimmungen über die Erbfolge lassen keinen Zweifel darüber, dafs das Eigentumsrecht nicht persönlich, sondern als an der **Familie** haftend von den alten Griechen gedacht wurde. Hatte der Vater einen Sohn und eine Tochter, so war der Sohn Erbe des ganzen Vermögens. Starb der Mann, ohne Kinder zu hinterlassen, so fiel die Erbschaft seinem Bruder und nicht seiner Schwester, den Kindern seines Bruders und nicht den Kindern seiner Schwester anheim. Nach dem alten Rechte hatte das Testament keine Geltung und die Veräufserung war nicht zulässig, weil alles Vermögen, Vermögen der *Familie* war. « Nein, sagt Plato,[1]) deine Güter gehören nicht dir, sondern der Familie, deinen *Vorfahren* und deiner *Nachkommenschaft*. » Den lebenden Mitgliedern der Familie war das Gut blofs anvertraut: von ihm mufsten sie die Opferspenden nehmen für ihre Verstorbenen, deren Gebeine auf dem *Familiengut* ruhten und nicht auf einem gemeinschaftlichen Friedhof; dieses Gut mufsten sie der kommenden Generation hinterlassen, die ihrerseits ihren dahingeschiedenen Eltern und Verwandten die den Toten gebührenden Ehren erweisen sollte, wie die Religion es vorschrieb. Religion und Eigentum waren mit der Familie verwachsen. Die Götter verblieben in der Familie, und ebenso das Vermögen.[2])

Dieses strenge Recht trat allerdings später aufser Kraft und durften die liegenden Güter verkauft werden, nur verlangte das Gesetz ein öffentliches Verfahren. Diese Bedingung bringt Viollet — und das ist seine letzte Einwendung — auf den Gedanken, dafs Grund und Boden Eigentum des Volkes sein müsse, da es bei der Transaktion zugegen sei. — Der Zweck dieser Vorsichtsmafsregel mufs doch einem jeden einleuchtend sein. Theophrast, auf den Viollet[3]) sich stützt, hat ihn angegeben mit den Worten: « Das alles geschieht aus zwei Gründen, damit gegen das Vorgehen des Verkäufers Einspruch erhoben werden könne, und damit man den neuen Eigentümer kennen lerne. »

Im Vorhergehenden haben wir die Eigentumsverhältnisse in Grofsgriechenland, auf der Insel Kreta, in Sparta und im Anschlufs an einige Bestimmungen des alten Rechtes in ganz Griechenland, also auch in Athen besprochen. Über die Einrichtungen der ersten Stadt Griechenlands haben wir die zahlreichsten Dokumente.

Im V. und IV. Jahrhundert vor Christus, zur Zeit des Perikles und des Demosthenes kennen Gesetz und Jurisprudenz das Privateigentum. Vor Gericht wird über Mein und Dein verhandelt, wie es uns die attischen Redner vor Augen führen: Der Advokat verteidigt das Eigentumsrecht seines Klienten und greift das der Gegenpartei an.

Zwei Jahrhunderte früher, zur Zeit Solons, tritt uns dieselbe Erscheinung entgegen. Solons eigenes Werk, seine Gesetzgebung, ist ein Zeugnis, das nicht mifsverstanden werden kann. Nicht blofs bestand damals das Privateigentum in Attika, es war auch ungleichmäfsig verteilt: Die Einteilung der Athener in vier Klassen beruhte auf der Einschätzung dez Grundeigentums.

Von Athen wenden wir uns nach Böotien. In seinem Gedicht Ἔργα καὶ Ἡμέραι, das 826 Verse umfafst, schildert Hesiod das Landleben im IX. Jahrhundert v. Chr.

Der Ertrag der Ernte konnte nicht Gemeingut gewesen sein, da der Dichter sagt: « Arbeite, damit der Hunger dich nicht heimsuche und Ceres deine Scheunen fülle. »[4])

Die Ländereien selbst wurden nicht alljährlich verlost, denn Reichtum ist bei ihm der Lohn persönlicher Arbeit. « Der arme Nachbar sieht auf den reichen Nachbar, der fleifsig pflügt und sät und

---

1) Legg. XI, S. 922—923.
2) ἐν τῷ γένει καταμένειν, Plut.. Solon, 21.
3) S. 484—485.
4) V. 300.

Sorgfalt verwendet auf sein Gut, und er thut ebenso, um ihm gleichzukommen.»[1]) «Wenn du arbeitest, wirst du reich werden und ein Gegenstand des Neides sein für den Faulen.»[2])
Das Erbe, das der Vater Hesiods ihm und seinem Bruder Perses hinterlassen hat, bezeichnet der Dichter mit dem Ausdrucke κλῆρος.
So sehr ist der Besitzer dieses κλῆρος wirklicher Eigentümer, dafs er es verkaufen kann. Hesiod giebt dem Landmann den Rat zu arbeiten, damit er im Stande sei, fremdes Gut anzukaufen und nicht genötigt sei, das seinige zu verkaufen.[3])
Wie vor dem IX. Jahrhundert das Eigentum sich ausgebildet hatte, sagen uns die homerischen Gedichte, die am weitesten hinaufreichen in der griechischen Geschichte. Die Ilias enthält keine Anspielung auf Kollektiveigentum. Schon in der damaligen Gesellschaft gab es Reiche, πλούσιοι, ὄλβιοι. Der Dichter redet von einem Gut, das fünfzig Morgen grofs war, zur Hälfte mit Weinreben bepflanzt, zur Hälfte Ackerland.[4]) «Ein Weingarten ist mit einem Graben und einer Einfriedigung umgeben.»[5])
In der Odyssee giebt uns der Dichter in der Insel der Phäaken sein Ideal der Gesellschaft. Aber in diesem Bilde ist für die Gütergemeinschaft kein Platz. Reiche wechseln ab mit Armen, Gutsbesitzer mit Dienern.
Der Sohn des reichen Mannes erbt das Gut seines Vaters. Eumäus empfängt Ulysses als Fremden und sagt ihm: «Ich habe nicht viel dir anzubieten; ich bin nur ein Diener, und die Götter verhindern die Rückkehr meines guten Herrn. Dieser würde mir ein Gut zu eigen gegeben haben, κτῆσιν, ein Haus, ein Grundstück, κλῆρον, und eine viel umworbene Gefährtin, πολυμνήστην γυναῖκα».[6])
Über die Zeiten, die noch höher hinaufgehen als die homerischen Gedichte, geben uns Aufschlufs die Sagen, das Recht und die Religionsgebräuche der Griechen.
Die Legenden, die Bezug haben auf Athen, sind sehr zahlreich und erzählen von der Entstehung alter Einrichtungen; über die Anfänge des Eigentums schweigen sie alle. In der Einleitung seiner «Politik» geht Aristoteles allen menschlichen Dingen bis zu ihrem ersten Werden nach: der Gesellschaft, der Sklaverei, dem Handel. Er stellt sich nicht die Frage, wie das Privateigentum an Grund und Boden entstanden sei. Plato ist begeistert für die Gütergemeinschaft, weifs aber keinen griechischen Staat zu nennen, in dem er sie vorgefunden hätte.

Das Recht erkennt nicht der gesamten Nation das Erbe des verstorbenen Familienvaters zu, sondern dessen Sohne.

Die Religion des Altertums, die doch eine endlose Zahl von Göttern und überirdischen Wesen hatte,[7]) bei denen ein anderer Gott den Samen der Furche anvertraute, ein anderer die Saaten hervorzog aus der Erde Schofs, ein anderer sie heranwachsen, ein anderer sie reifen liefs, hatte keinen Gott, der der jährlichen Verteilung der Ernte und der Ländereien vorgestanden hätte. Die Griechen haben aber einen Gott, das Privateigentum zu schützen; es ist das der Ζεὺς Ἕρκειος, der Herd, Haus und Hof schir-

---

1) V. 21—23.
2) V. 312.
3) V. 341.
4) Il., IX, 578.
5) Il., XVIII, 564.
6) Odyss. XIV, 1—64.
7) S. August. de civitate dei, VI, 9: Quid ipsa numinum officia tam viliter minutatimque concisa, propter quod eis dicunt pro uniuscuiusque proprio munere supplicari oportere, unde non quidem omnia, sed multa jam diximus, nonne scurrilitati mimicae, quam divinae consonant dignitati? Si duas quisquam nutrices adhiberet infanti, quarum una nihil nisi escam, altera nihil nisi potum daret, sicut isti ad hoc duas adhibuerunt deas, Educam et Potinam......

mende Familiengott, es ist der Ζεὺς Ὅριος, der die heiligen ἵροι, Grenzsteine, hütet: es ist der Ζεὸς Κτήσιος, der über die κτῆσις, das Eigentum, wacht, und der mit dem Gotte des Vaterlandes, dem Ζεὺς πατρῷος, identisch ist.

B. Privateigentum bei den Römern.

An der *Atomisirung* der modernen Gesellschaft mit ihrer *individualistischen* Tendenz, an der einseitigen Ausbildung der Kapitalmacht mit ihrer Rücksichtslosigkeit und Engherzigkeit trägt nicht die geringste Schuld die uneingeschränkte Herrschaft des *römischen Eigentumsrechts*, dessen Einfluſs sich über das Gebiet der unterjochten Länder hinaus erstreckt hat, das « durch die Verbreitung der römischen Rechtsbücher über die germanischen und slavischen Völker das Gemeingut der ganzen gebildeten Welt geworden ist. »[1] Bald nach der Gründung Roms hat das dominium ex iure Quiritium, das quiritische Eigentumsrecht eine individualistische Richtung eingeschlagen, um die betretene Bahn nicht mehr zu verlassen. Schon unter dem Könige Numa löste sich das Eigentum von der Familie los, um auf den Hausvater überzugehen, der es veräuſsern und durch Testament über dasselbe verfügen durfte. «Das Selbstgefühl, womit nach römischer Denkart und Sitte der Hausvater die zu seinem Hauswesen gehörigen Personen als ihm schlechthin untergeben betrachtete, spricht sich auch im Verhältnis desselben zu seinem Vermögen aus. Sie fühlten sich darin als die unumschränkten Herren, und erkannten in dem Schutz dieser Herrschaft durch die Gesetze einen Hauptvorzug des römischen Bürgers und seiner Freiheiten. »[2] « Das Wesen des Eigentums ist seine Abstraktheit, die Eigenschaft, daſs die körperliche Sache ganz und nichts als Objekt des Willens des Subjekts, dieser Wille ganz und ausschlieſslich der den Gegenstand beherrschende ist.... Daſs teils durch die Natur der Sachen, teils durch das Wesen des menschlichen Willens die Beherrschung der Sachen durch die Personen beschränkt ist, gehört nicht zu den Beschränkungen des Eigentumsrechts, noch auch sind die vom Staate den Privatrechten überhaupt oder den Vermögensrechten insbesondere gesetzten Schranken Eigentumsrechtsbeschränkungen. »[3] Lange Jahrhunderte hindurch wurde dieses dem Inhalt und dem Umfange nach absolute Eigentumsrecht gemildert durch den christlichen Geist, von dem die mittelalterliche Gesellschaft getragen war. Erst mit der französischen Revolution, die es ungestört walten lieſs und es bis zu den äuſsersten Konsequenzen durchführte, zeigten sich die schlimmen Folgen desselben, so sehr, daſs, wenn keine Abhilfe kommt, in nicht allzu ferner Zeit aller Besitz in den Händen weniger Eigentümer sich angehäuft haben wird. Bei einer solchen Beschaffenheit des römischen Eigentumsrechts ist es begreiflicherweise eine Überraschung gewesen, als die Ansicht ausgesprochen wurde, auch bei den Römern sei das Ureigentum Kollektiveigentum gewesen. Es hat diese neue Lehre um so mehr befremdet, als Rom eine relativ junge Stadt ist. Die hauptsächlichsten Vertreter derselben sind: Mommsen[4]), Puchta[5]), Arnold, Bachofen, Pantaleoni[6]), C. Bertagnolli[7]) und de Laveleye. Dawider erklären sich Ihering[8]), Rudorff[9]), Schwegler[10]), Lange[11]), Walter[12]), Fustel de Coulanges.

---

1) Geschichte des römischen Rechtes von Ferdinand Walter, zweiter Teil, S. 176.
2) Walter, l. c.
3) Abriſs der Institutionen des römischen Privatrechts, von Eduard Böcking, Bonn, 1856.
4) l. c., S. 171.
5) Instit., 5. Aufl. I, 130, 149, 161.
6) Storia civile e costituzionale di Roma.
7) Delle vicende dell' agricultura in Italia.
8) Geist des röm. Rechts, I, 183.
9) Röm. Feldmesser, II, 302.
10) XIV, 6.
11) Römische Altertümer (1856), I, S. 108.
12) l. c., Erster Teil, S, 28.

Während der ganzen Dauer der Regierung des ersten römischen Königs Romulus ist, so wird behauptet, alles Grundeigentum ager publicus gewesen ; die Geschichte des ager privatus beginnt erst mit Numa, wie es Cicero, Plutarch, Dionysius von Halikarnafs bezeugen.
Cicero [1]) sagt : Numa agros quos bello ceperat divisit viritim civibus.
Dasselbe geschichtliche Faktum erwähnt Plutarch : « Der römische Staat hatte anfangs nur ein kleines Gebiet ; mit Waffengewalt eroberte Romulus ein gröfseres, und dieses wurde von Numa ganz unter die armen Bürger verteilt. » [2]).
Hieraus ist ein dreifaches Resultat zu gewinnen. Erstens steht es fest, dafs Numa eine Verteilung von Ländereien vorgenommen hat. Zweitens ist das Objekt der Verteilung scharf begrenzt : sie erstreckt sich auf das von Romulus *eroberte* Gebiet. Drittens ist auch die Art und Weise, wie dieses eroberte Gebiet unter die armen Bürger ganz verteilt wurde, angegeben : es geschah nicht gruppenweise, nicht an das Geschlecht, nicht an die Familie, an den einzelnen Bürger fiel das Los : divisit viritim agros. Das ist der für die Geschichte des Eigentums inhaltsschwere Sinn der Worte Cicero's und Plutarch's ; mehr liegt nicht in deren Text enthalten ; sie sagen keineswegs, dafs unter Romulus alles Grundeigentum Gemeineigentum gewesen sei, dafs unter Romulus gar keine Verteilung von Ländereien stattgehabt habe, dafs erst Numa *alles* Land, das bei seinem Regierungsantritt das römische Gebiet ausmachte, dafs er auch den ager romanus, der von Anfang an zur Urbs gehörte, verteilt habe. Dahinzielende Schlufsfolgerungen gehen über die Tragweite der angeführten Stellen hinaus.

Dafs Numa dem Eigentum seine Aufmerksamkeit zuwandte und dessen Verhältnisse zu regeln sich bemühte, wird ebenfalls von Dionys von Halikarnafs [3]) anerkannt : « Numa führte eine Gesetzgebung ein bezüglich der Abgrenzung der Grundstücke ; er verlangte, dafs ein jeder um sein Eigentum eine Grenzlinie ziehe und um dasselbe Grenzsteine setze ; diese Grenzmarken weihte er dem Gotte Terminus und befahl, dafs ihm alljährlich Opfer dargebracht würden ; er setzte das Terminalienfest ein ». Für den, der diesen Text flüchtig liest, liegt die Versuchung nahe, zu denken, vor Numa haben die Römer überhaupt keine Grenzscheide gekannt. Eine nüchterne Erwägung aber zeigt sofort die Unhaltbarkeit dieser Vermutung. In des Wortes vollster Bedeutung ist das zerstückelte Privateigentum in unsern Gegenden fast zur Alleinherrschaft gelangt. Und wie oft kommt es vor, dafs die Grenzsteine neu gesetzt werden müssen. Dionys sagt nicht, dafs vor Numa das Privateigentum nicht bestanden habe, er sagt das gerade Gegenteil. Unmittelbar [4]) vor der Erwähnung des Terminalienfestes berichtet er, Romulus habe das Land, von dem die Römer Besitz ergriffen, verteilt. Auf eine dreifache Weise verwendete er es. Ein Teil wurde zum Unterhalt des Königs und des Gottesdienstes bestimmt. [5]) Ein anderer wurde ager publicus, blieb dem gemeinen Gebrauche vorbehalten und wurde besonders zu Viehweiden benutzt. Ein dritter wurde in zehn Losen unter die zehn Curien verteilt. Jedes Los enthielt zweihundert Jugeren urbares Land und hiefs eine Centurie, weil es für hundert Familien bestimmt war. [6]) Jede Familie erhielt ihre zwei Jugeren zu ihrem « Eigenland » (heredium).[7]) Diese zwei Jugeren sind echtes Erbe und volles Privateigentum gewesen, wie

---

1) De republica, II, 14.
2) Numa, 16.
3) II, 14.
4) II, 7.
5) Dionys. III, 1.
6) Festus. Centuriatus ager in ducenta iugera definitus. Quia Romulus centenis civibus ducenta jugera tribuit.
7) Varro, De re rustica, I, 10, 2 : Bina jugera, quot a Romulo primum divisa dicebantur viritim, quæ heredem sequerentur, heredium appellarunt ; hoc postea centum centuria.

es schon aus dem Gegensatz zu dem ager publicus hervorgeht. Aber eben dieses älteste Mafs des Eigenlandes ist für Mommsen der handgreiflichste Beweis für die Gemeinschaft an Grundeigentum unter Romulus. « Die römischen Landwirte, bemerkt er, rechnen durchschnittlich für das Jugerum als Aussaat fünf römische Scheffel, als Ertrag das fünffache Korn; der Ertrag eines Heredium ist demnach, selbst wenn man, von dem Haus- und Hofraum absehend, es lediglich als Ackerland betrachtet und auf Brachjahre keine Rücksicht nimmt, fünfzig oder nach Abzug des Saatkorns vierzig Scheffel. Auf den erwachsenen schwer arbeitenden Sklaven rechnet Cato für das Jahr einundfünfzig Scheffel. Die Frage, ob eine römische Familie von dem Heredium leben konnte oder nicht, mag danach sich jeder selbst beantworten. Es läfst dies Ergebnis sich auch dadurch nicht erschüttern, dafs man auf die Nebennutzungen hinweist, welche das Ackerland selbst und die Gemeinweide an Feigen, Gemüse, Milch, Fleisch, u. dgl. abwirft, denn die römische Weidewirtschaft war stets von untergeordneter Bedeutung und die Hauptnahrung des Volkes notorisch das Getreide; noch dadurch, dafs man auf die Intensität der älteren Kultur pocht. Ohne Frage haben die Bauern dieser Zeit ihren Äckern einen gröfsern Ertrag abgewonnen, als ihn die Plantagenbesitzer der Kaiserzeit erzielten; man mag den Ertrag der Feigenbäume in Anschlag bringen, eine Nachernte, eine sehr ansehnliche Steigerung besonders des Bruttoertrags annehmen, aber auch hier wird Mafs zu halten sein, da es ja nur um Durchschnittssätze und um eine weder rationell noch mit grofsem Kapital betriebene Bauernbewirtschaftung sich handelt, und auf keinen Fall läfst jenes enorme Defizit durch blofse Kultursteigerung sich decken. .... Es bleibt das immer eine Hypothese, welche mit den fünf Broten und zwei Fischen des Evangeliums ziemlich auf einer Linie steht. Die römischen Bauern waren bei weitem weniger bescheiden als ihre Historiographen; sie meinten, selbst auf Grundstücken von sieben Morgen oder hundertvierzig römischen Scheffeln Ertrag nicht auskommen zu können.[1] — Die angestellte Rechnung zeugt von grofser Vertrautheit mit den römischen Verhältnissen. Indessen hat Plinius der Ältere zwar weniger gut das Evangelium, aber vielleicht ebenso gut als Herr Mommsen die Ansprüche der römischen Bauern gekannt, und er sagt ausdrücklich: « Romulus in primis instituit .... Bina tunc jugera populo Romano *satis erant* nullique majorem modum attribuit ....»[2] Mommsen selbst nimmt an, der gröfste Teil des ursprünglichen Vermögens der Römer habe aus Herden bestanden. Diese aber gingen auf die gemeine Weide, wofür an den Staat eine Abgabe entrichtet wurde.[3] Romulus konnte nicht mehr vergeben, als er hatte. Genügten zwei Jugera nicht, so stellte sich die Notwendigkeit heraus, das benachbarte Gebiet zu erobern. Dies geschah denn auch, und was Romulus mit den Waffen in der Hand gewonnen, verteilte Numa unter die römischen Bürger und zwar ganz, indem er nicht wie bei der Teilung unter Romulus einen Teil zum Unterhalt des Königs und des Gottesdienstes und einen andern als ager publicus vorher wegnahm.

« In ältester Zeit wurde das Ackerland gemeinschaftlich, wahrscheinlich nach den einzelnen Geschlechtsgenossenschaften bestellt und erst der Ertrag unter die einzelnen dem Geschlechte angehörigen Häuser verteilt, wie denn Feldgemeinschaft und Geschlechtergemeinde innerlich zusammenhängen. »[4] Dieser Zusammenhang ist angedeutet in dem Modus der Verteilung unter Romulus. Das Ganze wurde unter die zehn Curien verteilt, und das Los der Curie wiederum unter die gentes, weshalb auch die römischen Hufen lange den Namen der gentes beibehalten haben.

---
[1] Mommsen, l. c., S. 172.
[2] Plin., hist. nat., XVIII, 2, 7.
[3] Plin., hist. nat. XVIII, 3. Etiam nunc in tabulis censoriis pascua dicuntur omnia, ex quibus populus reditus habet, quia diu hoc solum vectigal fuit.
[4] Mommsen, l. c., S. 174.

« Besseres Zeugnis dafür, dafs erst später das Land unter die Bürger zu Landeseigentum ausgeteilt ward, gewährt die älteste Bezeichnung des Vermögens als « Viehstand » oder « Sklaven- und Viehstand » (pecunia, familia pecuniaque) und des Sondergutes der Hauskinder und Sklaven als « Schäfchen » (peculium); ferner die älteste Form des Eigentumserwerbs durch Handergreifen (mancipatio), was nur für bewegliche Sachen angemessen ist. » [1])

Mit vier Wörtern : pecunia, peculium, familia, mancipatio, rekonstruiert Herr Mommsen die Anfänge der Eigentumsgeschichte in Rom. Mehr als einmal verbreitet ein Wort Licht über die ins Dunkel gehüllte Vergangenheit, bestärkt den Forscher in seinem bereits auf anderem Wege gewonnenen Resultat. Wir haben oben gezeigt, wie die griechische und die lateinische Sprache die Kultur der Gräcoitaliker, bevor sie sich trennten, wieder hervorzaubern kann. Diese Beweiskraft hat aber die Abstammung der Wörter in der Regel blofs dann, wenn sie mit einem andern historischen Zeugnisse übereinstimmen. Davon ist auch Herr Mommsen überzeugt, und deshalb hat er sich auf Cicero, Plutarch und Dionysius berufen, allerdings mit Unrecht, wie wir gesehen haben. Namentlich darf die Hypothese, die auf der Etymologie beruht, nicht dem formellen Zeugnis eines zuverläfsigen Schriftstellers widersprechen, was hier der Fall ist ; nach Dionysius II, 7, bestand das Privateigentum an Grund und Boden in Rom schon unter Romulus. Sodann mufs die Abstammung sicher sein und nicht eine mehrfache Erklärung zulassen. Diese letztere Bedingung ist hier nicht erfüllt. De Laveleye [2]) giebt sich viele Mühe, um für pecunia den Sinn von « Vermögen », « Reichtum » herauszubekommen, erinnert daran, dafs ursprünglich das Vieh allgemein als Tauschmittel diente. Es ist das eine bekannte Verwendung von pecunia, die aber nichts gegen das Privateigentum beweist.

Wenn auch pecunia von pecus kommt, so ist die Art und Weise dieser Ableitung doch nicht so sicher. Das Wort kann seinen Ursprung ebenso gut dem Umstande verdanken, dafs Servius Tullius zuerst Geld mit dem Bildnisse von Tieren schlagen liefs ; denn bis auf ihn war das altrömische Kupferpfund, das As, ungeprägt geblieben.[3])

Pecunia bedeutet wohl « Vermögen », aber es bezeichnet eine besondere Art des Vermögens, entweder « Vermögen an Geld » oder « Vermögen an Vieh » : der Reichtum läfst und liefs schon unter Romulus andere Formen und Gestalten zu, wie Mommsen's eigenes Citat es zur Genüge beweist : « Tum (zur Zeit des Romulus) erat res in pecore et *locorum possessionibus*, ex quo pecuniosi et *locupletes* vocabantur. » [4]) Für « Vermögen » hat die lateinische Sprache neben pecunia noch manche andere Wörter wie opes, divitiae, res, fortuna, census, patrimonium, heredium, und von diesen sind res und heredium zum wenigsten ebenso alt als pecunia. Aber auch selbst dann, wenn pecunia das älteste, das einzige in den ersten Zeiten gebräuchliche wäre, würde es nicht zulässig sein, das Vermögen einzig und allein im Viehstand bestehen zu lassen, man würde doch nur berechtigt sein, in dem Viehstand den bedeutenderen Teil des ursprünglichen Vermögens zu sehen, und dieses verträgt sich ganz gut mit den zwei Jugera Grundeigentum.

Auch peculium hat keinen kollektivistischen Ursprung. Anfangs wird es das Sondergut gewesen sein, das der Hausvater einem Sklaven oder seinem Sohne zur freien Verfügung gestellt hat, und da lag es in der Natur der Sache, dafs er ihnen eher ein Schäfchen, ein Kalb, eine Kuh, Vieh schenkte als Grundeigentum. Übrigens ist es viel natürlicher, das Wort nicht bis auf pecus zurückzuführen, sondern

---

1) Mommsen, l. c., S. 172.
2) l. c., S. 367.
3) Plin., Hist. nat., XVIII, 3 : Servius rex ovium boumque effigie primus aes signavit. — XXXIII, 13 : Servius rex primus signavit aes. Antea rudi usos Romae Timaeus tradit. *Signatum est nota pecudum : unde et pecunia appellata*.
4) Cicero de rep., II, 9.

es mit pecunia « Geld » zusammenzuhalten und es durch « Sparpfennig » zu übersetzen. So erklärt sich auf ungezwungene Weise, wie peculium bedeuten kann : 1. der Sparpfennig des Hausherrn[1]); 2. der Sparpfennig des Hauskindes im Soldatendienste (peculium castrense), durch andere Beschäftigungen (quasi castrense), durch Bewilligung vom Vater (profecticium), durch Erbschaften von mütterlicher Seite (adventicium) ; 3. der Sparpfennig des Sklaven ; 4. das Geld, das die Hausfrau außer der Mitgift in das Haus ihres Mannes mitbringt.

Familia « das Vermögen », sowohl das unbewegliche als das bewegliche, ist zuerst « Reichtum an Dienerschaft » gewesen. Aber es war nicht aller Reichtum, es war bloß eine besondere Art, von der Cicero[2]) nicht einmal Meldung thut, wenn er sagt : Tum (zur Zeit des Romulus) erat res in pecore et locorum possessionibus, ex quo pecuniosi et locupletes vocabantur.

« Die Form der Mancipation[3]) war nach den Einrichtungen der Zeit gebildet, wo das Geld bei Zahlungen nicht zugezählt, sondern zugewogen wurde. Es wurden fünf römische Bürger zugezogen, wahrscheinlich als Repräsentanten der fünf Klassen des Servius Tullius und ein sechster, welcher die Wage hielt ; die Kaufsumme wurde durch ein rohes Stück Erz, späterhin aber durch ein As repräsentiert, und dafür nahm der andere die Sache, welche, wenn sie eine bewegliche war, selbst zur Hand sein mußte, gleichsam als gekauft hin. Das alte Wort für diese Rechtsform war mancipium, und unter diesem stand sie schon in den zwölf Tafeln. Mancipatio statt mancipium findet sich erst unter den Kaisern. »[4])

Mancipium ist zusammengesetzt aus manu und capere. « Das eigentlichste manu capere, erklärt Böcking[5]), ist das ex hostibus, wodurch man, ganz entsprechend der Rechtsansicht einer kriegerischen Nation, am vollständigsten das Eigentumsrecht erwirbt.[6]) Soll aber von einem Berechtigten, ex cive, non ex hostibus die Sache manucapiert und dadurch Eigentum des Capienten werden, so ist dieses ein Privatrechtsgeschäft, wobei der das Eigentum überlassende ebenfalls als Eigentümer geachtet und durch Entgeltung bestimmt wird, zu wollen, daß der andere sich die Sache nehmen dürfe, und dieses muß vor dem Volk geschehen, wie ja auch das ex hostibus manu capere (in exercitu). Das gesamte Volk aber (die V classes, der exercitus) kann sich nicht mehr selbst des Rechtsgeschäftes wegen versammeln ; das mancipio dare und accipere geschieht daher vor fünf Zeugen und einem libripens. — Die Zeugen sind das Volk, der libripens ist mitthätig, weil der Manucapient und der Mancipant gleichberechtigte cives sind, nicht ex hoste capiert wird ; ein Unparteiischer hält die Wage, die bei allem Kaufe unentbehrlich ist, wo das Geld nach dem Gewicht gilt. »

Für Böcking ist manu capere etwas ganz anders als für Mommsen. Der erstere sieht in dem Ausdruck eine Erinnerung an die Entstehungsweise des Eigentums bei den Römern, an dessen Charakter als Kriegsbeute,[7])

---

1) Cels. dig., 32, 1, 79, § 1.
2) De rep. II, 9.
3) Gaius, 1, 119 : Est autem mancipatio — imaginaria quaedam venditio — eoque res ita agitur : adhibitis non minus quam quinque testibus civibus Romanis puberibus et praeterea alio ejusdem condicionis, qui libram aeneam teneat qui appellatur libripens, is qui mancipio accipit, aes tenens ita dicit : Hunc ego hominem ex iure Quiritium meum esse aio isque mihi emptus est hoc aere aeneaque libra ; deinde aere percutit libram idque aes dat ei a quo mancipio accipit quasi pretii loco.
4) Walter, 1. c., zweiter Teil, S. 179.
5) Pand., I, S. 177, A. 19.
6) Gaius, 4, 16 : maximo sua esse credebant quae ex hostibus cepissent.
7) Courcelle-Seneuil « Propriété » (Nouveau dict. d'écon. pol., publié sous la direction de M. Léon Say, 1891) : « L'origine et la raison d'être de la propriété chez les Romains ne se rattache pas à un idéal bien élevé : elle naît de la guerre, de la conquête : les biens possédés sont un butin. Ce butin, esclaves compris, est acquis par « raison naturelle ».

wie denn auch die Lanze,[1]) deren Stelle im Gerichtsverfahren die festuca [2]) oder die vindicta einnahm, das Symbol des rechtmäfsigsten Eigentumes war. Bezieht man aber mit Mommsen das manu capere auf die « beweglichen » Sachen, die man angreift, so darf man auch dann nicht aus dieser alten Verkehrsform schliefsen, anfangs hätten die Römer keine unbeweglichen Güter zu eigen besessen; unter Romulus war die Familie Inhaberin des Grundeigentums, und deshalb sind die alten heredia schlechthin unveräufserlich gewesen, hat es für sie gar keine Übertragungsform gegeben.

Pantaleoni findet in den gemeinsamen Mahlzeiten der curia einen Beweis für ursprüngliche Gütergemeinschaft. Dieselben waren aber *religiöse Agapen*, wie es Dionysius,[3]) der sie mit eigenen Augen gesehen, bezeugt: Et curiae cum sacerdotibus sacrificia sibi attributa faciebant et una epulabantur diebus festis in curiali domo.

Endlich beruft sich de Laveleye[4]) auf das Zwölftafelgesetz, nach welchem in Ermangelung des proximus agnatus die gens den andern agnati vorgezogen würde. Eine solche Bestimmung ist aber in dem Gesetze der XII Tafeln nicht zu lesen, und ebenso wenig hat Gaius den Satz, den de Laveleye ihm zuschreibt: in legitimis haereditatibus successio non est; gentiles familiam habento.

Nirgends ist eine Rechtsbestimmung, ein Religionsgebrauch, eine Sage, ein historisches Zeugnis für eine ursprüngliche Gütergemeinschaft aufzubringen. Die Annahme des Kollektiveigentums bei den Griechen und Römern sucht vergebens nach einer Stütze und einem Anhaltspunkt in dem Leben, in der Geschichte, in der Litteratur der klassischen Völker.

§ 3. — Die Gütergemeinschaft und das Privateigentum in der griechischen und römischen Litteratur.

Dafs die Gütergemeinschaft im klassischen Altertum faktisch unbekannt war und dafs sie selbst in der Theorie, als soziales System, als unverwirklichtes Ideal, sehr jung ist, geht aus einer Äufserung des Komikers *Aristophanes* hervor, der den Chor in den um das Jahr *392* aufgeführten '*Εκκλησιάζουσαι* von der Gütergemeinschaft sagen läfst: μήτε δεδραμένα μήτ' εἰρημένα πω πρότερον. « So was ist vor uns nie verwirklicht, nie vorgetragen worden.»[5]) Als eine Neuerung [6]) bezeichnet er einen solchen Vorschlag, der ihren Vorfahren gänzlich fremd [7]) gewesen. In dieser Komödie halten die Weiber des Nachts in männlicher Tracht eine Versammlung ab, welche den Beschlufs fafst, die Regierung des Staates den Frauen anzuvertrauen.[8]) Die Männer hätten sich als unfähig erwiesen und nur Verderben über die Stadt gebracht. Sie, die Weiber, seien klüger, «sie werden nie betrogen, da sie gewohnt sind, zu betrügen.»[9]) Ihre Herrschaft werde dem Sykophantenunwesen, Lug und Trug, der Bedrückung und

---

1) Nach Varro (bei Dionys. II, 48) ist das Wort Quirites vom sabinischen « curis » « Lanze », abgeleitet.
2) Gaius IV, 16: festuca utebantur quasi hastae loco ... signo quodam justi dominii; maxime enim sua esse credebant quae ex hostibus cepissent, unde centumviralibus iudiciis praeponitur.
3) II. 23.
4) l. c., S. 366.
5) V. 579.
6) V. 584 und 586: καινοτομεῖν.
7) V. 778: οὐ γὰρ πάτριον τοῦτ' ἐστίν.
8) V. 210, 430.
9) V. 236 und 237: ἄρχουσα τ'οὐκ ἂν ἐξαπατηθείη ἄν·
αὐταὶ γάρ εἰσιν ἐξαπατᾶν εἰθισμέναι.

Verfolgung, der Armut und dem Elend ein Ende machen.¹) Auf welche Weise ein solcher Zustand herbeizuführen sei, erklärt die Frau Praxagora ihrem Manne Blepyrus aufs umständlichste. Sie verlangt, «dafs alle alles gemeinsam haben, von denselben Gütern leben, dafs nicht der eine reich, der andere arm sei; dafs nicht der eine weite Äcker bebaue und der andere nicht habe, wo sein Leichnam bestattet werde; dafs nicht der eine viele Sklaven, der andere auch nicht einen Diener habe; sie will, dafs alle eine gleiche Lebensweise führen.»²) Blepyrus sieht die Durchführung dieser Mafsregel als ein Ding der Unmöglichkeit an, und um das Lächerliche derselben hervorzukehren, frägt er: «Καὶ τῶν πελέθων κοινωνοῦμεν;³) Et stercoris etiam participes erimus?» Ihm entgegnet Praxagora: «Das, bei Zeus, ist nicht meine Meinung; du hast mich unterbrochen, ich war im Begriffe, mich zu erklären: an erster Stelle will ich Grund und Boden für alle gemeinsam machen, sodann das Geld und was immer ein jeder zu eigen besitzt. Von diesem Gemeingut wollen wir dann euch nähren.»⁴) Niemand wird sich übrigens weigern, dem Gemeinwesen sein Eigentum zur Verfügung zu stellen, da alle alles im Überflusse haben werden.⁵) Daraufhin bemerkt Blepyrus: «οὔκουν καὶ τῶν οὗτοι μᾶλλον κλέπτουσ' οἷς ταῦτα πάρεστι;⁶) also *sind die heutigen Eigentümer Diebe?*» «Gewiss waren es Diebe, als wir unter den frühern Gesetzen lebten; aber jetzt, wo vom gemeinsamen Gute das Leben unterhalten wird, was für ein Gewinn soll es sein, etwas vorzuenthalten?»⁷) Ist das nicht bereits das weltberüchtigte Wort: *la propriété, c'est le vol*. Es scheint, dafs Proudhon die 'Εκκλησιάζουσαι nicht gelesen und diese Stelle nicht gekannt hat, sonst würde er sich doch nicht erdreistet haben zu sagen: «La définition de la propriété est mienne, et toute mon ambition est de prouver que j'en ai compris le sens et l'étendue. La propriété, c'est le vol! ne se dit pas, en mille ans, deux mots comme celui-là. Je n'ai d'autre bien sur la terre que cette définition de la propriété; mais je la tiens plus précieuse que les millions des Rothschild, et j'ose dire qu'elle sera l'événement le plus considérable du gouvernement de Louis-Philippe.»⁸) Sechzig Jahre vor Proudhon hatte Brissot de Warville es offen ausgesprochen: «*La propriété exclusive est un vol dans la nature.... Le voleur dans l'état naturel est le riche, celui qui a du superflu....* Homme superbe, à la porte des malheureux meurent de faim, et tu te crois propriétaire, tu te trompes; les vins qui sont dans tes caves, les provisions qui sont dans ta maison, les meubles, ton or, tout est à eux, ils sont maîtres de tout.»⁹)

Praxagora begnügt sich nicht damit, das Prinzip des Kommunismus, auf dem die Weiberherrschaft beruhen werde, aufzustellen; sie schildert auch im einzelnen die Lebensweise in der neuen Ära. «Die Stadt wird *ein* Haus sein, alle Bürger werden nur *eine* Familie bilden. Die Gerichtssäle werden in Speisesäle

---

1) V. 452 :   οὐ συκοφαντεῖν, οὐ διώκειν, οὐδὲ τὸν
              δῆμον καταλύειν, ἀλλὰ πολλὰ κἀγαθά,
              ἕτερα τε πλεῖστα τὰς γυναῖκας εὐλόγει.
   560 :   μὴ λωποδυτῆσαι, μὴ φθονεῖν τοῖς πλησίον,
              μὴ γυμνὸν εἶναι, μὴ πένητα μηδένα,
              μὴ λοιδορεῖσθαι, μὴ 'νεχυραζόμενον φέρειν.

2) V. 590—594.
3) V. 596.
4) V. 596—599.
5) V. 605—608.
6) V. 608.
7) V. 608—610.
8) Système des contradictions économiques. Tome II, p. 257.
9) Recherches philosophiques sur le droit de propriété et le vol. Bibliothèque philosophique des législateurs. Berlin, 1782, t. VII, p. 284.

umgewandelt, der Richterstuhl wird zum Tische werden, auf dem perlen wird der Wein in Mischkrügen, um den herum berauschende Gelage das Herz erfreuen, während Jünglinge mit dem Kranze auf dem Haupte von den Heldenthaten tapferer Männer singen.» ¹) Glaubt man da nicht die bezaubernden Verheifsungen der modernen Weltverbesserer zu hören, die das Volk mit sinnlichen Genüssen einwiegen und verlocken? « Wir erfahren abermals, wie über die Mafsen selten, in allen Fächern des Denkens und Wissens, das wirklich Neue und ganz Ursprüngliche ist ».²) Die Gütergemeinschaft, welche Praxagora mit ihren Genossinnen einführen wollte, geifselt Aristophanes mit beifsendem Spotte. Nüchtern hat Michelet Proudhon gegenüber geäufsert : « Quant au communisme, un mot suffit. Le dernier pays où la propriété sera abolie, c'est justement la France. Si, comme disait quelqu'un de cette école, la propriété c'est le vol, il y a ici vingt-cinq millions de propriétaires qui ne se dessaisiront pas demain ».³) Aristophanes ruft der Praxagora zu : «Glaubst du, dafs einer, der bei Sinnen ist, sein Eigentum hergeben wird ; das liegt nicht in unsern Sitten, bei Zeus. Auch die Götter sind nicht gewohnt zu geben, sondern nur zu nehmen ; deshalb haben ihre Bildnisse die Hände nicht ausgestreckt zu spenden, sondern nach oben gerichtet, zu empfangen ».⁴)

Viele Erklärer ⁵) Plato's und Aristophanes' meinen, der berühmte Komiker habe in seinen Ἐκκλησιάζουσαι die Lehre Plato's über die Gütergemeinschaft verspotten wollen, die er entweder aus den mündlichen Vorträgen Plato's erfahren oder im « Staat » gelesen, der bereits zur Zeit der Aufführung der Ἐκκλησιάζουσαι ganz oder wenigstens teilweise veröffentlicht gewesen sein soll. Doch können wir uns dieser Ansicht nicht anschliefsen, sondern wir halten mit Susemihl ⁶) und Zeller ⁷) dafür, dafs in der Weiberversammlung des Aristophanes die platonische Republik nicht berücksichtigt ist. Es wird allgemein angenommen, der « Staat » Plato's sei nicht vor dem Jahre 380 vollendet gewesen ; und der siebente platonische Brief, auf den man sich beruft, um die Republik bis zu 391 hinaufzurücken, ist eine zu unzuverlässige Quelle, als dafs man etwas auf dieselbe geben könnte. Wir geben nicht einmal zu, dafs nur die ersten vier Bücher der platonischen Republik Aristophanes vorgelegen haben. Denn in diesem Teil wird von der Weiber- und Kindergemeinschaft nichts gesprochen. Hätte Aristophanes gegen Plato seine Angriffe richten wollen, er hätte es in viel verständlicherer und bestimmterer Weise gethan. Die Theatergesetze gestatteten ihm dies, und mehr als einmal hat er von dieser Freiheit Gebrauch gemacht. In den « Rittern » scheut er sich nicht, mit schneidendem Grimm, mit archilochischer Bitterkeit den allgebietenden, auf dem Gipfel des Glückes stehenden Kleon anzugreifen. In den « Wolken » wird der weise Sokrates nicht geschont, werden die sonderbaren Gewohnheiten seines Lebens und Redens nach komischer Art verzerrt. Euripides, auf den er es besonders abgesehen, nennt er mit Namen in den Ἐκκλησιάζουσαι ; in den Θεσμοφοριάζουσαι läfst er die Frauen sich an dem Weiberhasser Euripides rächen ; in den Ἀχαρνῆς scherzt er über dessen Rhetorik und Rührmittel, um in den Βάτραχοι ihn vollständig zu vernichten. Aber

---

1) V. 673—680.
2) Schopenhauer, Parerga und Paralipomena, T. 69.
3) Proudhon, Système des contradictions économ., t. II, p. 256.
4) V. 777—783.
5) Morgenstern « de Platonis republica commentationes tres », Halle, 1794, S. 83 ; Spengel, Artium scriptores. S. 135 ; Bergk, Commentationes de reliquiis comoediae Atticae antiquae, Leipzig, 1838, 8. S. 81, 404 Anm. ; Meineke, Historia critica comicorum Graecorum, Berlin, 1839, 8, S. 287, ff. ; Bernhardy, Grundrifs der griechischen Litteratur, Halle, 1872, zweiter Teil, S. 665 ; Brandis, Griech.-röm. Phil., IIa, S. 521 Anm. ; Krohn, Plat. Staat, 72 ff. ; Chappelli, Le Ecclesiazuze, u. s. w., Turin, 1882.
6) Die genetische Entwickelung der platonischen Philos., Leipzig, 1857, zweiten Teiles erste Hälfte, S. 296 ff.
7) Die Philosophie der Griechen, Leipzig, 1889, zweiter Teil, erste Abteilung, S. 551, Anm.

weit entfernt, auf Plato in der erwähnten Komödie hinzudeuten, sagt er ausdrücklich, wie wir es zu Anfang hervorgehoben haben, die kommunistischen Vorschläge seien noch nie gemacht worden. Die angebliche Parodie der platonischen Republik würde übrigens die dankbarsten Angriffspunkte mit keinem Worte berührt haben. Aristophanes, dessen unzüchtige Muse es nicht an Cynismus hat fehlen lassen, würde mit Freuden dem lüsternen Publikum einen Ohrenschmaus bereitet haben wie den, « dafs die Frauen anstatt der Kleider die Tugend anziehen sollen »;[1] gerne würde er auch die Weiber als Soldaten in den Krieg ziehend vorgeführt haben.[2] Allerdings ist eine Übereinstimmung mancher eigentümlichen Gedankenwendungen in beiden Werken z. B., Vers 635 ff. mit V. 461 C.-E. und 465 A. B., 657 mit V. 464 D., 672 ff. mit III. 416, D. nicht zu verkennen. Allein auch ohne eine Ahnung von Plato's «Staat» zu haben, konnte er die athenischen Zustände in solchen Farben ausmalen, konnte er voraussehen, wohin die ochlokratische Herrschaft seine Vaterstadt führen werde, und es ist leicht denkbar, dafs die Befürchtung aller möglichen politisch-sozialen Tollheiten « den Komiker ganz selbständig auch zu jenen besonderen Wendungen und Ausdrücken hintrieb, die sehr wohl und natürlich mit dem Grundgedanken zusammenhingen, und dafs dann hernach auch der Philosoph, da die Folgerichtigkeit ihn zu eben denselben hindrängte, sie deshalb nicht zu vermeiden gesonnen war, weil der Spott des Komikers etwa im voraus ein lächerliches Licht auf sie geworfen hatte ».[3] Aristophanes hat die platonische Republik nicht gekannt, wie es schlagend die Verschiedenheit in der Darstellung der Gütergemeinschaft beweist. In den Ἐκκλησιάζουσαι wird die Gütergemeinschaft für alle ohne Ausnahme beschlossen, Plato hat die Masse des Volkes von derselben ausgenommen und nur einer auserlesenen Schar von etwa 1000 Mann dieselbe auferlegt. Deshalb hat auch die Tradition von dieser Beziehung der beiden Schriftsteller zu einander nirgendwo etwas berichtet. Der Beschlufs der Weiberversammlung inbetreff der Gütergemeinschaft fiel bald der Vergessenheit anheim, während Plato's Vorschläge in lebendigem Bewufstsein erhalten blieben und sein « Staat » unter allen Schriften der chiliastischen Litteratur stets den Ehrenplatz behauptete. Keine zweite ist an geschichtlicher Bedeutung und an innerm Gehalt mit der *platonischen Republik* zu vergleichen.

Es ist unleugbar, dafs Plato in seinem « Staat » den Kommunismus verherrlicht.[4] Gerade dieser Anschauungen wegen wird er von den Sozialisten gefeiert. « La protestation communiste », sagt Malon,[5] « trouva dans un philosophe illustre, d'un génie littéraire si grand, que son éloquence fut qualifiée de divine, un interprète glorieux. » Den Hütern der Ordnung hingegen, welche in der Lehre der Gütergemeinschaft eine verderbliche Schwärmerei, die Quelle von allen Übeln erblicken, hat dieser Punkt stets Schwierigkeit bereitet : sie wufsten nicht, wie sie diesen subversiven Satz in Einklang bringen sollten mit dem reinen Charakter Plato's, den schon Cicero[6] einen Gott unter den Philosophen nennt, in dem der hellenische Genius sich verkörpert wie in keinem andern, der so erhabene Ideen erzeugt, dafs nach dem heiligen Augustinus[7] seine Philosophie dem Christentum am nächsten steht. Wahrscheinlich aus

---

1) Plato, de rep., 457 A.
2) Plato, de rep., V, 452 A-C; 471 D.
3) Susemihl, l. c., S. 299.
4) 416 Cf; 417 A; 464 AB.
5) l. c., S. 90.
6) De natura deorum II, 12: audiamus enim Platonem, quasi quendam Deum philosophorum.
7) De civitate Dei. VIII, 5 : Si ergo Plato Dei hujus imitatorem, cognitorem, amatorem dixit esse sapientem, cuius participatione sit beatus, quid opus est excutere ceteros? Nulli nobis quam isti propius accesserunt. Cedat eis igitur non solum theologia illa fabulosa deorum criminibus oblectans animos impiorum; nec solum etiam illa civilis, ubi impuri daemones terrestribus gaudiis deditos populos deorum nomine seducentes......

Verehrung für das Andenken des Meisters wird der Neuplatoniker Proclus die Schrift dem göttlichen *Plato ganz abgesprochen* haben.

Um den Vorwurf des Kommunismus, der gegen das herrliche Werk des genialen Verfassers erhoben wird, zurückzuweisen, hat Gymnasialdirektor Schmelzer[1]) die Ansicht verteidigt, es sei Plato mit der Gütergemeinschaft nicht ernst gewesen, das Ganze sei ein *blofser Scherz*. « Bei der Beurteilung des Platonischen Staates ist, dünkt mich, vor allem festzuhalten, dafs Sokrates nicht in einer Palaestra oder in einem Gymnasium redet, sondern sich in einer mitten in der Heiterkeit eines Festtages stehenden Gesellschaft befindet, in einem Kreise von Männern, welche der im Symposion geschilderten Stimmung durchaus nahe stehen. Der Humor hat hier also gar wohl eine Stätte, und es kann gar nichts Überraschendes haben, wenn einzelne Stellen des Staates an Abschnitte des Symposion erinnern; im Gegenteil, es würde vielmehr auffallend sein, wenn hier der in allen platonischen Dialogen vertretene Scherz nicht öfter recht laut auflachte. Plato selbst hat es vorgesehen, dafs man diesen seinen Scherz mifsverstehen könnte, und es ist nicht uninteressant zu verfolgen, wie er selbst sich dagegen zu wehren sucht, dafs man seine Worte gar zu ernst nehme. »[2])

« Diese Entdeckung, » meint Zeller,[3] « wird man am besten dem Urheber derselben zum ausschliefslichen Gebrauch überlassen. » Um nur eins zu erwähnen, würde Aristoteles, der doch Jahre lang mit Plato verkehrte, eine sonderbare Rolle spielen, indem er in allem Ernste ein solch spafshaftes Märchen mit dem Aufgebot all seiner Gelehrsamkeit zu widerlegen sucht.[4]) Da war es denn doch viel würdiger und edler, den «besten Staat» für eine *Utopie*, ein Ideal im modernen Sinn, ein unausführbares Phantasiebild zu erklären. Allein seit Hegel's vortrefflichen Bemerkungen hierüber[5]) ist diese Ansicht als unwissenschaftlich zu betrachten. In den Augen Plato's ist sein Staat nicht blofs möglich, sondern schlechthin notwendig; er unterzieht einer vernichtenden Kritik das gesamte historische Staatsleben;[6]) sowohl die Timokratie als die Oligarchie, sowohl die Demokratie als die Tyrannis bezeichnet er als fehlerhaft; er verurteilt damit die politische Wirklichkeit in ihrer Totalität, und den bestehenden Verfassungen stellt er seinen Staat gegenüber, der als der einzig gute, von dem Heil für die Menschheit zu erwarten sei, gelten soll.[7]) Das ganze fünfte, sechste und siebente Buch der Republik hat den Zweck, die Mittel zu dessen Verwirklichung anzugeben. « Der ganze Charakter seiner Philosophie verbietet die Vorstellung, als ob ihm das, was durch die Idee bestimmt ist, ein unwirkliches und unausführbares hätte sein können. »[8])
Die Form seines Staates, speziell der Kommunismus, wie er sich denselben dachte, pafst harmonisch in sein philosophisches System hinein; sie steht in vollem Einklang mit seiner Metaphysik, seiner Psychologie und seiner Ethik.

Das letztere Element überwiegt so sehr in der Republik, dafs das Werk bis in die neuesten Zeiten für ein ausschliefslich *ethisches* angesehen wurde, in welchem die politischen Erörterungen nur als «Ausschweifung »[9]) behandelt seien. Wirklich hat Plato in diesem Buche die herrlichsten Gedanken in Fülle ausgestreut. Die Idee des Guten als das Prinzip der sittlichen Weltordnung ist der höchste Einheitspunkt

---

1) Eine Verteidigung Platos. Bonn, 1885.
2) Schmelzer, l. c., S. 1.
3) l. c., S. 913.
4) Pol. II.
5) Gesch. der Phil., II, 240 ff.
6) Rep. IV, 445 C. VIII, 544 A f.
7) Rep. VI, 499 B—502 B. 497 A f. IV, 422, 473 C. IX, 592 A f.
8) Zeller, l. c., S. 915.
9) Morgenstern, de Platonis republica commentationes tres, Halle, 1794.

des Dialogs, in welchem die verschiedenen Teile desselben wie die Fäden des Gewebes zusammenkommen. Gott ist das Gute, und die Glückseligkeit besteht darin, ihn zu kennen, ihn zu lieben, ihn nachzuahmen und so mit ihm verbunden zu sein. Das ist das hehre Tugendideal, auf das Plato seinen Adlerblick immer richtet. Alle Dinge sind beherrscht durch den νοῦς und die Ideen, und so soll auch im einzelnen Menschen sowohl als im Staate der Verstand der Wagenlenker sein, der feuerige θυμός und das sinnlich niedere Begehren sollen durch das νοητόν geleitet werden. Die Gerechtigkeit ist der Sitz aller Tugenden.[1]) Der Gerechte ist gottgefällig;[2]) alle Dinge werden ihm zum Heile ausschlagen, und wird er während des Lebens hienieden heimgesucht und verfolgt, so zeigt ihm Plato am Schlusse seines Buches in grofsartigem Ausblick die Seligkeit nach dem Tode als Vergeltung für die Entbehrungen und Leiden auf dieser Welt. Die Gerechtigkeit ist auch das Fundament der Staaten, und wankt dieses, dann wankt es nicht allein. Aber gerade wegen dieser erhabenen Lehren berührt es um so schmerzlicher, dafs neben ihnen sich andere finden, von denen wir uns entrüstet abwenden, dafs Plato von den sonnigen Höhen auf einmal niedersteigt in sumpfige Niederungen, dafs der apollinische Schwan, den Sokrates in einem Gesichte auf sich hat zufliegen sehen, zum Uhu wird, der ein wüstes Geschrei erhebt gegen Dichtung, Kunst, Sitte, Ordnung, Gesellschaft. Die Athener sollen Plato Barbarei, ἀγροικία und σκληρότης, vorgeworfen haben wegen « der Strenge, womit er vornehmlich den Homer und Hesiodus für wahre Verführer und Verderber der Jugend erklärt, und der tiefen Verachtung, womit er von der mimischen Kunst der dramatischen Dichter und Schauspieler spricht. »[3]) Dadurch, dafs man der Republik jeden politischen Charakter abspricht, hat man Plato noch nicht gerechtfertigt in seinen Auslassungen über die Poesie, seiner Begeisterung für das Kastenwesen, in seiner Forderung der Weiber- und Gütergemeinschaft.

Ein weiterer Versuch der Ehrenrettung Plato's wälzt einen grofsen Teil der Schuld auf Sokrates, diesen besten, weisesten und gerechtesten unter allen Menschen, ἄριστος τῶν τότε καὶ ἄλλως φρονιμώτατος καὶ δικαιότατος ἀνήρ, wie ihn die Schlufsworte des Phaedon nennen. Ihm hat man die Lehre von der Aufhebung des Privateigentums und des Familienlebens untergeschoben. Doch wenn sie auch dem Sokrates in den Mund gelegt wird, so kann es nicht die seinige sein. « Denn wenn wirklich Sokrates schon so Aufserordentliches gefordert, so Verderbliches gelehrt hätte, wahrlich, seine Ankläger würden doch ein Wort darüber haben verlauten lassen. Der Vorwurf, Sokrates' Lehre sei von schädlichem Einflufs auf die Moral, auf die herrschende gute Sitte gewesen, hätte gar nicht besser als mit dem Hinweis auf solche revolutionären Gedanken substantiiert werden können. Statt dessen die ärmliche Anklage, dafs der Lehrer des Alcibiades und des Kritias die Jugend verderbe, dafs er mit seinem unschuldigen Dämonion neue Götter einführe, eine Anklage, welche mit Scherz und Ironie und Satire und Hohn, wie die Apologie zeigt, so leicht in ihrer Erbärmlichkeit zurückgewiesen werden konnte. Wie ganz anderen Stoff würden Anytus und Genossen gehabt haben, wenn Sokrates solche Lehren auch nur angedeutet hätte. »[4])

Hermann[5]) betont die historische Seite der Republik. Ihm ist der platonische Kommunismus eine Nachbildung des spartanischen. Spuren der dorischen Staatseinrichtungen sind in dem Staate Plato's nicht zu verkennen. « Wenn Plato seinen Wächtern Landbau und Gewerbe untersagt, so war beides auch in Sparta Perioken und Heloten überlassen; wenn er die gröfste Einfachheit und Abhärtung von ihnen fordert, so ist dies echt spartanisch; wenn er ihnen den Besitz von Gold und Silber verbietet, so werden

---

1) Rep. II, 368 E ff.; IV, 427 D ff; 443 B.
2) Rep. X, 612 E.
3) Wieland, Aristipp's Briefe, 4. Buch, 5. Brief.
4) Schmelzer, l. c., S. 20.
5) Ges. Abhandl., S. 132—139.

wir sofort an das gleichlautende Verbot und die eisernen Münzen Lykurg's erinnert.»[1]) Aber die platonische Gütergemeinschaft kann nicht Sparta entlehnt sein, dem eine solche Einrichtung, wie wir es nachgezeigt haben, völlig fremd war.

Nur ungenügend werden Plato's kommunistische Vorschläge damit entschuldigt, dafs man mit Hegel,[2]) dessen Urteil noch heutzutage das meistbegünstigte ist, ihn zum konsequenten *Vertreter der griechischen Staatsidee* macht. Diese aber besteht darin, dafs der Staat das Erste und Absolute ist und eine unbedingte Herrschaft über den einzelnen ausübt, für den jede freie Selbstbestimmung ausgeschlossen bleibt. Der entgegengesetzte Standpunkt, nach welchem das Individuum das Erste ist und aus freier Entschliefsung den Staat aufser und über sich setzt, sei das durch das Christentum zu allgemeiner Geltung gebrachte Prinzip der neuen Zeit. Dieses sei allerdings schon in Griechenland aufgetreten; doch soll es in das hellenische Leben nur als sein Verderben hineingekommen sein, indem die Individuen als solche ihre Zwecke, Neigungen und Interessen geltend zu machen anfingen und über den gemeinsamen Geist Meister werden liefsen. Gerade diese Thatsache habe Plato veranlafst, das alte Prinzip noch einmal in seiner vollen Strenge aufzufassen und derartig auszubilden, dafs jede subjektive Freiheit gewaltsam ferngehalten wird.

Die befriedigendste Rechtfertigung der platonischen Gütergemeinschaft ist die von Nohle.[3]) Er nimmt nicht die griechische Staatsidee zu Hülfe, um Plato vor dem sonst unvermeidlich scheinenden Vorwurfe eines frevelhaften Spieles mit dem Werte und der Bestimmung des Menschen zu schützen. Er tritt der Auffassung entgegen, dafs Plato's Staat vollständig auf Abstraktionen beruhe und nichts weiter als ein Kunstwerk sei. *Für eine politische Theorie werden auch politische Gründe und Prinzipien vorausgesetzt*, es wird der Republik eine Bedeutung für die Sozialwissenschaft aller Zeiten zugeschrieben. Nach ihm erleidet im platonischen Staate der Egoismus der Individuen in keiner Weise eine Schädigung, wird jeder Teil des Ganzen allein durch das Motiv der Selbstsucht dazu getrieben, diejenige Funktion möglichst vortrefflich und mit Erfüllung aller dabei erforderlichen Bedingungen auszuüben, welche ihm in dem Mechanismus des Ganzen zufällt. Er ist der Meinung, dafs der Kommunismus keine Verletzung des wohlverstandenen Interesses der Stände ist, in denen er gilt, und dafs dieselben die Opfer, welche er fordert, bringen werden, um Gröfseres dadurch zu erlangen.

Der platonische Kommunismus ist grundverschieden von der Gütergemeinschaft, wie die modernen Kommunisten sie planen, und es verrät eine vollständige Unkenntnis seines Systems, wenn sie ihn zu den ihrigen zählen.

All diejenigen, die in unsern Tagen als Menschheitsbeglücker sich aufspielen, wie sie auch heifsen mögen, welches auch ihr Zukunftsideal sein mag, wollen dasselbe in der ganzen Gesellschaft, unter allen Völkern und Nationen verwirklicht sehen. Plato hatte mit seinem Staate ein viel beschränkteres Gebiet im Auge. An Ausdehnung kam derselbe dem griechischen Stadtstaat gleich, er wird ausdrücklich für einen hellenischen erklärt.[4]) Er setzt[5]) die Grenze für die Vergröfserung des Staates da, wo die Stadt mit dem umliegenden Lande aufhört, eine Einheit zu sein. In Griechenland aber hat die Natur die einzelnen Gemeinden abgesondert; die politische Gestaltung ist durch äufsere Verhältnisse bedingt. Diese machen Thessalien, Epirus, Attica, den Peloponnes zu getrennten Staatswesen. Gebirgszüge teilen das Land ein und schliefsen die Einwohner von ihren Nachbaren ab. Schiffbare Flüsse giebt es nicht, eine

---

1) Zeller, l. c., S. 916.
2) Gesch. der Philos., II, 237—264.
3) Die Staatslehre Platos in ihrer geschichtlichen Entwicklung, von Carl Nohle, Dr. phil., Jena, 1880.
4) V. 470, E: *τί δὲ δή; ἔφην, ἢν σὺ πόλιν οἰκίζεις οὐχ Ἑλληνὶς ἔσται; Ἀεῖ γ'αὐτήν, ἔφη.*
5) IV, 423 A. B.

Verbindung zwischen den griechischen Völkerschaften herzustellen. «In Asien haben grofse Ländermassen zusammen *eine* Geschichte. Ein Volk erhebt sich über eine Masse anderer, und immer handelt es sich um Schickungen, denen unterschiedslos die weitesten Erdstriche mit Millionen ihrer Bewohner erliegen. Gegen eine solche Geschichte sträubt sich jeder Fufsbreit griechischer Erde. Hier hat die Verästelung der Gebirge eine Reihe von Kantonen gebildet, deren jeder zu einem besonderen Dasein Beruf und Anrecht empfangen hat. In weiten Ebenen denken die Bewohner der einzelnen Gemeinden nicht daran, gegen übermächtige Heeresmassen ihr Recht und Gut zu vertreten; sie lassen über sich ergehen, was des Himmels Wille ist, und wer übrig bleibt, baut sich still eine neue Hütte neben den Trümmern der alten. In griechischen Landschaften hat jede Gaugenossenschaft das Gefühl einer natürlichen und unauflösbaren Zusammengehörigkeit; es erwächst wie von selbst aus den Weilern des Thales der gemeinsame Staat und in jedem solcher Staaten das Bewufstsein einer vor Gott und Menschen vollberechtigten Selbständigkeit.»[1])

Nicht einmal auf alle Teile dieses kleinen Stadtstaates will Plato den Kommunismus angewendet wissen. Die Masse des Volkes soll demselben nicht unterworfen sein: den Landbauern und den Handwerkern läfst Plato Privateigentum. Sie dürfen Grund und Boden zu eigen besitzen, Häuser bauen, schöne und grofse mit entsprechender Gerätschaft, von dem Privatvermögen den Göttern Gaben spenden. Gastfreunde bewirten und beschenken, Gold und Silber besitzen.[2]) Nur sollen die Regierenden sorgsam darauf achten, dafs weder Reichtum noch Armut sich in seinen Staat einschleiche. Ist der Töpfer zu reich, wird er faulenzen und sein Geschäft vernachläfsigen. Ist er zu arm, so fehlen ihm die Mittel für seinen Betrieb, und seine Lehrlinge wird er zu schlechten Handwerkern heranbilden.[3])

Aber gerade weil Plato dem Volke gestattet, Privateigentum zu haben, schliefst er es von jeder Beteiligung an der Regierung aus. *Absolute Trennung der Erwerbsthätigkeit und der Verwaltung des Staates ist für ihn ein Fundamentalprinzip der sozialen Wissenschaft.* In der Verbindung beider Faktoren in denselben Personen liegt nach ihm der Grundfehler sämtlicher bestehenden Verfassungen.[4]) Dem spartanischen Staate hat es zum Verderben gereicht, dafs die regierende Klasse der Spartiaten Privatbesitz an Grund und Gebäuden hatte. Die Oligarchie trägt den Keim des Todes in sich, indem unter ihr zwei stets sich befehdende Klassen gegen einander kämpften und insoferne nur die Besitzenden zu den Ämtern zugelassen werden. Die Demokratie, wähnend, mit dem Amte komme der Verstand, hält alle für befähigt, das Staatsruder zu lenken; sie läfst Gleichen und Ungleichen in demselben Mafse Gleichheit zu teil werden;[5])

---

1) Curtius, l. c., S. 11.
2) IV, 419: οἱ ἄλλοι ἀγρούς τε κεκτημένοι καὶ οἰκίας οἰκοδομούμενοι καλὰς καὶ μεγάλας, καὶ ταύτας πρέπουσαν κατασκευὴν κτώμενοι, καὶ θυσίας θεοῖς ἰδίας θύοντες, καὶ ξενοδοκοῦντες, καὶ δὴ καὶ ἃ νῦν δὴ σὺ ἔλεγες, χρυσόν τε καὶ ἄργυρον κεκτημένοι καὶ πάντα ὅσα νομίζεται τοῖς μάκαρσι μακαρίοις εἶναι;
3) IV, 421, D und E: Τοὺς ἄλλους αὖ δημιουργούς σκόπει εἰ τάδε διαφθείρει, ὥστε καὶ κακοὺς γίγνεσθαι. Τὰ ποῖα δὴ ταῦτα; Πλοῦτος, ἦν δ᾽ ἐγώ, καὶ πενία. Πῶς δή; Ὧδε, πλουτήσας χυτρεὺς δοκεῖ σοι ἔτι θελήσειν ἐπιμελεῖσθαι τῆς τέχνης; Οὐδαμῶς, ἔφη. Ἀργὸς δὲ καὶ ἀμελὴς γενήσεται μᾶλλον αὐτὸς αὑτοῦ; Πολύ γε. Οὐκοῦν κακίων χυτρεὺς γίγνεται; Καὶ τοῦτο, ἔφη, πολύ. Καὶ μὴν καὶ ὄργανά γε μὴ ἔχων παρέχεσθαι ὑπὸ πενίας ἤ τι ἄλλο τῶν εἰς τὴν τέχνην, τά τε ἔργα πονηρότερα ἐργάσεται καὶ τοὺς υἱεῖς, ἢ ἄλλους οὓς ἂν διδάσκῃ, χείρους δημιουργοὺς διδάξεται. Πῶς δ᾽ οὔ; Ὑπ᾽ ἀμφοτέρων δή, πενίας τε καὶ πλούτου, χείρω μὲν τὰ τῶν τεχνῶν ἔργα, χείρους δὲ αὐτοί. Φαίνεται. Ἕτερα δή, ὡς ἔοικε, τοῖς φύλαξιν εὑρήκαμεν, ἃ παντὶ τρόπῳ φυλακτέον ὅπως μήποτε αὐτοὺς λήσει εἰς τὴν πόλιν παραδύντα.
4) VIII, 544 A, f.
5) VIII, 558 C: Ταῦτα δή, ἔφη, ἔχοι ἂν καὶ τούτων ἄλλα ἀδελφὰ δημοκρατία, καὶ εἴη ἄν, ὡς ἔοικεν, ἡδεῖα πολιτεία καὶ ἄναρχος καὶ ποικίλη, ἰσότητά τινα ὁμοίως ἴσοις τε καὶ ἀνίσοις διανέμουσα.

auch sie vermag nicht, den sozialen Kämpfen ein Ende zu machen, die schliefslich zur Tyrannis¹) führen, unter welcher die Besitzenden aus dem Staate hinausgestofsen werden und die übrig bleibende Masse in die Gewalt des Tyrannen gerät. Um daher die Quelle, aus der das ganze Elend des historischen Staates fliefst, zu verstopfen, trennt Plato Erwerb und Regierung. Das Volk besitzt, herrscht aber nicht, es wird im Gegenteil nach allen Seiten hin regiert. Die demokratische Gleichheit ist etwas Unberechtigtes und Unsinniges. Die Gleichheit kann nur eine verhältnismäfsige sein, sie mufs den Unterschieden, welche die Natur selbst gemacht, Rechnung tragen. Der Schöpfer selbst habe die Menschen in drei Klassen eingeteilt: den einen sei Gold, den andern Silber, einer dritten Kategorie Kupfer und Eisen in der Seele beigemischt. ²) Die ersteren sind die Wissenden, welche selbst alles Wahre, Gute und Schöne erkennen, welche selbst die Gebote der Vernunft finden. Die zweiten sind zwar nicht im Besitze der Wissenschaft, der $\dot{\epsilon}\pi\iota\sigma\tau\dot{\eta}\mu\eta$, sie können aber der Erkenntnis anderer folgen, verstehen die Wahrheiten der Vernunft, sobald dieselben ihnen als fertige Normen vorgehalten werden. Die eisernen und kupfernen Seelen endlich sind zu keinem von beiden fähig. Der platonische Staat begreift die *Philosophen* ³), die *Wächter* ⁴), das *Volk*. ⁵) So ist der Staat genau gegliedert wie die menschliche Seele, die sich auswächst in den Staat, wie es denn auch vorkommt, dafs Plato die Einheit des Individuums mit der im Staate notwendigen Einheit verwechselt, und wie das Universum, von dem der Staat ein Abbild ist. In der Seele unterscheidet Plato drei Kräfte: Das Denken, $\nu o\tilde{v}\varsigma$, $\lambda\acute{o}\gamma o\varsigma$, $\lambda o\gamma\iota\sigma\tau\iota\varkappa\acute{o}\nu$, $\varphi\iota\lambda\acute{o}\sigma o\varphi o\nu$, $\varphi\iota\lambda o\mu\alpha\vartheta\acute{\epsilon}\varsigma$; der affektvolle Wille, $\dot{o}$ $\vartheta\upsilon\mu\acute{o}\varsigma$, $\tau\grave{o}$ $\vartheta\upsilon\mu o\epsilon\iota\delta\acute{\epsilon}\varsigma$, und der unedlere Teil, von der sinnlichen Lust und Unlust beherrscht, das $\dot{\epsilon}\pi\iota\vartheta\upsilon\mu\eta\tau\iota\varkappa\acute{o}\nu$ oder $\varphi\iota\lambda o\chi\varrho\acute{\eta}\mu\alpha\tau o\nu$. Ebenso findet er im Weltganzen die Dreiheit von Ideenwelt, Seele und Körperwelt. Wie nun die Herrschaft der Idee oder der Vernunft über die Körperwelt durch die Seele vermittelt wird, so soll der erste Stand über den dritten durch den zweiten herrschen. Der Staat wird untergehen, wenn das Eisen oder das Erz sie bewacht⁶), wenn die Gewerbtreibenden regieren. «Es ist jedem besser, sagt Plato⁷), von dem, was göttlich und vernünftig ist, beherrscht zu werden, wenn irgend möglich, indem er es als sein Eigenes in sich trägt, sonst aber, indem er von aufsen her über ihn gesetzt wird, damit wir so, von einem und demselben Prinzip geleitet, nach Vermögen alle einander gleich und befreundet seien.» Regieren sollen allein die Philosophen. «Wenn nicht die Philosophen Könige werden in den Staaten, oder die jetzt so genannten Könige und Gewalthaber wahrhaft und gründlich philosophieren, und dieses beides zusammenfällt, die Staatsgewalt und die Philosophie, von denen aber, welche jetzt an jedes von beiden getrennt

---

1) VIII, 544 D: ἔσχατον πόλεως νόσημα.

2) III, 415 A: ἀλλ᾿ ὁ θεὸς πλάττων, ὅσοι μὲν ὑμῶν ἱκανοὶ ἄρχειν, χρυσὸν ἐν τῇ γενέσει ξυνέμιξεν αὐτοῖς, διὸ τιμιώτατοί εἰσιν· ὅσοι δ᾿ ἐπίκουροι, ἄργυρον· σίδηρον δὲ καὶ χαλκὸν τοῖς τε γεωργοῖς καὶ τοῖς ἄλλοις δημιουργοῖς.

3) φιλόσοφοι (V, 473 D); in der Regel ἄρχοντες oder τὸ προεστὼς (IV, 428 E); βασιλῆς (V, 473 D); mit den Wächtern zusammen (V, 463 B, f) φύλακες, im Unterschied von ihnen III, 414 B, IV, 428 D.

4) Gewöhnlich φύλακες oder ἐπίκουροι (III, 415 A), auch προπολεμοῦντες (IV, 423 A, 429 B, 442 B; VIII, 547 D) oder στρατιῶται (III, 398 B; IV, 429 E; V, 470 A) genannt.

5) γεωργοὶ oder δημιουργοί (III, 415 A); δῆμος (V, 463 A); μισθοδόται καὶ τραφεῖς (V, 463 D); ἀρχόμενοι IV, 431 D).

6) IV, 415 C: ὡς χρησμοῦ ὄντος τότε τὴν πόλιν διαφθαρῆναι, ὅταν αὐτὴν ὁ σίδηρος ἢ ὁ χαλκὸς φυλάξῃ.

7) IX, 590 D: ὡς ἄμεινον ὂν παντὶ ὑπὸ θείου καὶ φρονίμου ἄρχεσθαι, μάλιστα μὲν οἰκεῖον ἔχοντος ἐν αὐτῷ, εἰ δὲ μή, ἔξωθεν ἐφεστῶτος, ἵνα εἰς δύναμιν πάντες ὅμοιοι ὦμεν καὶ φίλοι τῷ αὐτῷ κυβερνώμενοι;

herantreten, die meisten Naturen durch Zwang ausgeschlossen werden: eher giebt es keine Ruhe vom Übel für die Staaten, lieber Glaukon, und ich meine, auch nicht für das menschliche Geschlecht». [1]) Die Philosophie kann aber nur von wenigen erworben werden. Die Anzahl der Regierenden ist somit eine beschränkte — mit den Wächtern sind es ungefähr 1000 Mann. Damit aber die Männer der Wissenschaft, deren Leitstern die Vernunft ist, vollkommenen Einfluß auf die Regierung haben, damit sie keinen Widerstand seitens des Volkes zu befürchten haben, so muß die Führung der Waffen dem Demos entzogen und einem besonderen Stande gegeben werden, welcher unter dem unbedingten Gebote der Regierenden steht. « *Der platonische Staat ist demnach eine absolutistisch herrschende Aristokratie von Wissenschaftlichen.* »[2]) Die Philosophen mit den Wächtern, dem stehenden Heere, haben alle Gewalt in Händen. In der Ausrüstung mit solcher Machtfülle liegt eine große Gefahr; leicht wird dieselbe in unerlaubter Weise zu persönlichen Zwecken mißbraucht, das Staatswohl dem individuellen Interesse hintangesetzt. Zu diesen selbstsüchtigen Bestrebungen neigt die gefallene menschliche Natur hin. Zutreffend bemerkt Plato [3]: «Wenn die Regierenden Land und Häuser und Geld zu eigen haben, werden sie Haus- und Landwirte sein anstatt Wächter, und rauhe Gebieter anstatt Bundesgenossen der andern Bürger werden, und werden hassend und gehaßt, belauernd und selbst belauert ihr ganzes Leben hinbringen, weit mehr die Feinde drinnen fürchten als die draußen und so mit der übrigen Stadt ganz nahe am Abgrund des Verderbens hinlaufen. » Das wirksamste Schutzmittel gegen die Möglichkeit des Mißbrauches der Staatsgewalt ist die Aufhebung des Privateigentums und die Einführung des Kommunismus. Deshalb verbietet [4] Plato sowohl den Kriegern als den Philosophen, auch nur das geringste materielle Gut zu eigen zu besitzen. Keine Liegenschaft, kein Haus, keine edlen Metalle, sei es als Geld, sei es als Schmuck der Kleidung oder Wohnung dürfen sie haben. Die zu ihrer Erhaltung erforderlichen Lebensmittel erhalten sie alljährlich vom dritten Stande; doch erlaubt ihnen diese Naturalleistung nicht, Vorräte aufzuspeichern, da sie das zur Befriedigung ihrer Lebensbedürfnisse nicht übersteigt.

Losgeschält von dem Irdischen, können die Regierenden ungeteilt ihrem Berufe leben, in dem reichliche Vergeltung verborgen liegt für die Verzichtleistung auf jeglichen Besitz. Das Vaterland darf nun ruhig sein; fest und treu steht die Wacht auf den Zinnen der Stadt. Den Krieger selbst erhebt das Bewußtsein, daß ihm die Sicherheit des Staates zu verdanken ist:
« Was ist unschuldig, heilig, menschlich gut,
Wenn es der Kampf nicht ist ums Vaterland?» [5]

1) V. 473 C, D: Ἐὰν μὴ ἢ οἱ φιλόσοφοι βασιλεύσωσιν ἐν ταῖς πόλεσιν ἢ οἱ βασιλῆς τε νῦν λεγόμενοι καὶ δυνάσται φιλοσοφήσωσι γνησίως τε καὶ ἱκανῶς, καὶ τοῦτο εἰς ταὐτὸν ξυμπέσῃ, δύναμίς τε πολιτικὴ καὶ φιλοσοφία, τῶν δὲ νῦν πορευομένων χωρὶς ἐφ' ἑκάτερον αἱ πολλαὶ φύσεις ἐξ ἀνάγκης ἀποκλεισθῶσιν, οὐκ ἔστι κακῶν παῦλα, ὦ φίλε Γλαύκων, ταῖς πόλεσι, δοκῶ δὲ οὐδὲ τῷ ἀνθρωπίνῳ γένει.
2) Nohle, 1. c. S. 5.
3) III, 417 A und B: ὁπότε δ' αὐτοὶ γῆν τε ἰδίαν καὶ οἰκίας καὶ νομίσματα κτήσονται, οἰκονόμοι μὲν καὶ γεωργοὶ ἀντὶ φυλάκων ἔσονται, δεσπόται δ' ἐχθροὶ ἀντὶ ξυμμάχων τῶν ἄλλων πολιτῶν γενήσονται, μισοῦντες δὲ δὴ καὶ μισούμενοι καὶ ἐπιβουλεύοντες καὶ ἐπιβουλευόμενοι διάξουσι πάντα τὸν βίον, πολὺ πλείω καὶ μᾶλλον δεδιότες τοὺς ἔνδον ἢ τοὺς ἔξωθεν πολεμίους, θέοντες ἤδη τότε ἐγγύτατα ὀλέθρου αὐτοί τε καὶ ἡ ἄλλη πόλις.
4) III, 416 D: πρῶτον μὲν οὐσίαν κεκτημένον μηδεμίαν μηδένα ἰδίαν, ἂν μὴ πᾶσα ἀνάγκη· ἔπειτα οἴκησιν καὶ ταμεῖον μηδενὶ εἶναι μηδὲν τοιοῦτον, εἰς ὃ οὐ πᾶς ὁ βουλόμενος εἴσεισι· τὰ δ' ἐπιτήδεια, ὅσων δέονται ἄνδρες ἀθληταὶ πολέμου σώφρονές τε καὶ ἀνδρεῖοι, ταξαμένους παρὰ τῶν ἄλλων πολιτῶν δέχεσθαι μισθὸν τῆς φυλακῆς τοσοῦτον, ὅσον μήτε περιεῖναι αὐτοῖς εἰς τὸν ἐνιαυτὸν μήτε ἐνδεῖν.
5) Schiller, Jungfrau von Orleans.

In den Wahrheiten, die ihm dogmatisch¹) von den Philosophen mitgeteilt werden, in der Religion findet er seine Befriedigung, seinen Trost, seine Hoffnung.

Dem Philosophen bleiben keine Zeit und kein Sinn für den Betrieb von Privatgütern. Riesig ist die geistige Arbeit, die er in dem kurzen Leben zu bewältigen hat. Mit Ausnahme der banausischen Künste sowie der Musik und Gymnastik soll er alles Erlernbare in sich aufnehmen.²) Bis zum 20. Jahre wird er spielend in die propädeutischen Wissenschaften eingeführt. Dann beginnt die ernste wissenschaftliche Beschäftigung, die zehn Jahre lang fortgesetzt wird. Erst mit dem 30. wird er zur Dialektik zugelassen, die alle übrigen Wissenschaften zur Grundlage hat³) und an die es gefährlich ist zu früh heranzutreten; fünf Jahre lang wird er ausschliefslich beim Studium der Dialektik festgehalten. Vom 35. bis zum 50. Jahre mufs er seiner Pflicht als Staatsbeamter genügen und erst wenn er als Regent dem Staate Dienste geleistet, darf er als Philosoph dem wissenschaftlichen Forschen ganz und gar sich widmen, nach eigenem Ermessen sein theoretisches Interesse befriedigen.⁴) Und da fällt ihm das Opfer des Privatbesitzes nicht schwer. Für ihn giebt es nur eine würdige und lohnende Beschäftigung, das Philosophieren; alle andern sind ihm φλυαρίαι, Lumpereien. Es ist für ihn ein Geistesbedürfnis, aus der dunkeln Höhle,⁵) in der wir hienieden als Gefangene leben und in der wir nichts als trübe Schattenbilder sehen, sich emporzuschwingen zum Tageslicht, wo sein Blick nicht mehr hin und her irrt auf den wechselnden Erscheinungen der ihn auf dieser Erde umgebenden Realität, wo er schaut die Idee, das, was sich in den Dingen zu aller Zeit in jeder Beziehung auf dieselbe Weise verhält.⁶) Dieses Wissen befriedigt vollständig den Philosophen. Das Wissen nämlich ist für Plato wie für Sokrates zugleich Tugend. Die Tugend allein aber macht glücklich.⁷) Er duldet nicht in seinem Staate die verderbliche Irrlehre der Dichter und Sophisten, dafs die Schlechten glücklich, die Gerechten unglücklich seien.⁸) Die Tugend ist die Gesundheit der Seele.⁹) Sie ist die Harmonie derselben; in dem Tugendhaften ist das Tierische dem Menschlichen, das Menschliche dem Göttlichen unterworfen.¹⁰) Die Tugend macht frei, die Leidenschaft knechtet.¹¹) «Nur wer das Ewige ergreift und mit ihm sich erfüllt, kann eine wahre Befriedigung finden; alle anderen Genüsse dagegen sind in demselben Mafse unlauter und täuschend, in welchem sie sich von der allein wahren Lust, der des Philosophen — die wahre Philosophie und die vollendete Sittlichkeit sind aber dasselbe — entfernen.»¹²)

---

1) III, 392 A.
2) VII, 522 B: Καὶ μὴν τί ἔτ' ἄλλο λείπεται μάθημα, μουσικῆς καὶ γυμναστικῆς καὶ τῶν τεχνῶν κεχωρισμένον; ... Οἷον τοῦτο τὸ κοινόν, ᾧ πᾶσαι προσχρῶνται τέχναι καὶ διάνοιαι καὶ ἐπιστῆμαι, ὃ καὶ παντὶ ἐν πρώτοις ἀνάγκη μανθάνειν.
3) VII, 532 f.
4) VII, 535 A f.
5) VII, 514 f.
6) VI, 484 B: ἐπειδὴ φιλόσοφοι μὲν οἱ τοῦ ἀεὶ κατὰ ταὐτὰ ὡσαύτως ἔχοντος, δυνάμενοι ἐφάπτεσθαι.
7) I, 354 A: Ἀλλὰ μὴν ὅ γε εὖ ζῶν μακάριός τε καὶ εὐδαίμων, ὁ δὲ μὴ τἀναντία. Πῶς γὰρ οὔ; Ὁ μὲν δίκαιος ἄρα εὐδαίμων, ὁ δ' ἄδικος ἄθλιος.
8) III, 392 B: Καὶ ποιηταὶ καὶ λογοποιοὶ κακῶς λέγουσι περὶ ἀνθρώπων τὰ μέγιστα, ὅτι εἰσὶν ἄδικοι μέν, εὐδαίμονες δὲ πολλοί, δίκαιοι δὲ ἄθλιοι, καὶ ὡς λυσιτελεῖ τὸ ἀδικεῖν, ἐὰν λανθάνῃ, ἡ δὲ δικαιοσύνη ἀλλότριον μὲν ἀγαθόν, οἰκεία δὲ ζημία.
9) IV, 443 C—445 B.
10) IX, 588 B—592 B.
11) IX, 577 D f.
12) IX, 583 B—588 A; Zeller, l. c., S. 877.

Unter idealen Menschen, wie Plato sich seine Philosophen dachte,[1]) ist die Gütergemeinschaft wohl möglich. Der echte Philosoph hafst Lug und Trug, liebt Wahrheit und Gerechtigkeit. Sein Sinnen und Trachten ist nicht auf die körperlichen Genüsse gerichtet; er ist auch nicht φιλοχρήματος, hängt nicht an Geld und Besitz. Er ist frei von jeder gemeinen, jeder kleinlichen Gesinnung; er sieht stets auf das Ganze der menschlichen und göttlichen Dinge und umspannt mit seinem Blicke alle Zeiten. Leider hat das Altertum nur wenige dieser Geister, die nach Höherm strebten, aufzuweisen. Plato hat selbst später in seinen «Gesetzen»[2]) anerkannt, dafs dieses Ideal zu hoch sei für die Menschen, dafs es für Götter und Göttersöhne berechnet sei. In diesem Werke giebt Plato die Gütergemeinschaft als unausführbar auf. Um aber sowohl der drückenden Armut als dem übermäfsigen Reichtum vorzubeugen, verteilt er das Land an 5040 Bürger, welche unveräufserlich auf einen der Söhne forterben; inbetreff der beweglichen Habe führt er das Vierklassensystem ein.

So wenig Ausdehnung auch Plato seinem Staat gegeben hat, so gemäfsigt auch sein Kommunismus ist, so edel auch die Motive sein mögen, die ihn zur Einführung desselben bestimmt haben, er hat die Probe nicht bestanden, seine Schwächen sind von dem bedeutendsten seiner Schüler, vom Stagiriten, gleich aufgedeckt worden[3]): *Aristoteles* ist als energischer und scharfsinniger Verteidiger des Privateigentums aufgetreten.

Einen naturgemäfsen Ausgangspunkt für seine Untersuchung nehmend, sagt Aristoteles: Notwendig ist allen Bürgern alles gemein oder nichts oder endlich einiges gemein und anderes nicht. Dafs nun gar nichts gemeinsam sein soll, ist unmöglich; das Staatswesen ist eine Gemeinschaft, und zuvörderst mufs die Örtlichkeit gemeinsam sein. Aber ist es besser, dafs in einem wohl eingerichteten Staate überhaupt alles oder blofs gewisse Dinge gemeinsam seien? In einer dreifachen Weise ist die Gütergemeinschaft möglich. Es kann ein jeder ein eigenes Grundstück haben, aber die Früchte der Felder werden zusammengetragen und unter alle verteilt. Oder es gehören alle Ländereien dem Staate, der sie auch bestellt, die Früchte jedoch den einzelnen zum Privatgebrauche zuweist. Drittens können Boden und Früchte gemeinsam sein, wie Sokrates es in Plato's Respublica wünscht.

Der Grund von dem ganzen Mifsgriff des Sokrates ist eine verkehrte Ansicht über den Zweck des Staates, den er in die gröfstmögliche *Einheit* setzt. Es ist doch wohl offenbar, dafs ein Staat, wenn er nach dieser Richtung immer weiter geht und eine immer strengere Einheit zu werden sucht, zuletzt gar kein Staat mehr bleiben wird. Denn eine Vielheit seiner Natur nach ist der Staat, und um zu einer Einheit im strengern Sinne zu werden, müfste er vielmehr aus dem Staate zur Familie und aus der Familie zum Einzelmenschen werden. Und liefse sich der Staat auch in dieser Weise einigen, man dürfte es nicht thun, es wäre gerade so, als wenn einer die Symphonie in die Monotonie und die rhythmische Komposition zum Einzeltakt umwandeln wollte.

Gesetzt auch, es wäre wirklich das Beste, dafs die staatliche Gemeinschaft eine möglichst einheitliche sei, so zeigt sich doch diese Einheit nicht darin, wenn alle Bürger zugleich dasselbe *mein und nicht-mein* nennen, was Sokrates für das Kennzeichen der vollendeten Einheit hält.[4]) Denn das Wort «alle» ist doppelsinnig. Es kann heifsen «jeder einzelne» und «alle zusammengenommen». In der ersten Bedeutung wäre es zwar

---
1) VI, 485 B—487 A.
2) V, 739 D f.
3) Arist. Pol. II, 1 und 2.
4) Plato, Rep. V, 462 C: Ἐν ᾗτινι δὴ πόλει πλεῖστοι ἐπὶ τὸ αὐτὸ κατὰ ταὐτὰ τοῦτο λέγουσι τὸ ἐμὸν καὶ τὸ οὐκ ἐμόν, αὕτη ἄριστα διοικεῖται; Πολύ γε.

sehr schön, wenn alle dasselbe mein nennen könnten, aber dies ist bei der Gütergemeinschaft unmöglich ; in der andern aber ist es gar kein Beweis von Einmütigkeit. Bei dieser Gelegenheit verweist Aristoteles auf das *Selbstinteresse als die Quelle der Intensivität des Produktiveigentums*. Je mehr etwas vielen gemeinsam angehört, bemerkt er tiefsinnig, desto weniger wird für dasselbe Sorge getragen. Vielmehr für das Eigene sorgt man vorzugsweise, für das Gemeinsame aber weniger oder doch nur so weit es den einzelnen berührt, denn aufser andern Gründen vernachlässigt man dasselbe schon deshalb mehr, weil ein jeder denkt, ein anderer kümmere sich darum, gerade wie auch bei den häuslichen Verrichtungen der Sklaven eine zahlreiche Dienerschaft (nicht selten ihren Dienst schlechter versieht als eine minder zahlreiche.

Das Privateigentum entspricht der menschlichen Natur. Es ist ein angenehmes Gefühl und erhebendes Bewufstsein irgend etwas sein eigen nennen zu können. Denn nicht vergebens dürfte jeder die Liebe zu sich selbst besitzen, sondern diese ist von der Natur in ihn eingepflanzt, und wenn die Selbstsucht die mit Recht getadelt wird, so besteht diese auch nicht darin, dafs man sich selbst, sondern dafs man über Gebühr sich selbst liebt, und ebenso tadelt man den Habsüchtigen nur aus diesem Grunde, denn im übrigen liebt es ein jeder, jede Art von Besitz zu erwerben. Überdies ist auch das ein hoher Genufs, Verwandten, Freunden, Gästen und andern Leuten gefällig und hülfreich zu sein, was nur möglich ist, wenn es Privateigentum giebt. Die *Gütergemeinschaft hebt die Freigebigkeit und die Wohlthätigkeit auf, zwei Tugenden, durch welche der persönliche Besitz das Gute des Privateigentums und das der Gütergemeinschaft in sich vereinigt*.

Letzteres System hat auf den ersten Blick etwas Verlockendes: alles Niedere soll im Menschen unterdrückt werden ; die unseligen Prozesse wegen des Mein und des Dein finden keinen Stoff und Vorwand mehr; falsche Zeugnisse fordern nicht mehr die vergeltende Gottheit heraus; die entwürdigende Kriecherei der Armen gegenüber den Reichen hat ein Ende; Friede und Eintracht werden auf Erden herrschen, und beglückende Freundschaft wird die Menschen einen. Indessen sind die berührten Übel nicht eine Folge des Privateigentums, sondern sittlicher Verdorbenheit, die unter den Menschen eingerissen ist. Diese würde auch nicht mit der Gütergemeinschaft aufhören, und anstatt der unitas civitatis, die Plato erzielen will, würde vielmehr *die Zwietracht* der Bürger sich aus jener Lebensweise ergeben. Aristoteles hat die Menschen in ihrem Treiben beobachtet. Der häufige und intime Verkehr zwischen ihnen ist eine Ursache von Uneinigkeit, wie es den Dienstboten der Fall ist. Wie oft entzweien sich Reisegesellschaften, obgleich sie nur einige Tage ein gemeinsames Leben führen. Über Kleinigkeiten und das erste Beste geraten sie an einander. So sehen wir, dafs gerade Leute, welche etwas gemeinschaftlich besitzen und benutzen, viel leichter mit einander hadern als andere über ihr Privateigentum, und eben nur im Vergleich mit der grofsen Anzahl derer, die lediglich Privateigentum besitzen, erscheint uns die Zahl derjenigen gering, welche infolge von Gütergemeinschaft in Zwistigkeiten verfallen.

Bei den *Römern des klassischen Altertums* ist die Gütergemeinschaft nie verteidigt, nie gelehrt worden. Sie erinnerten sich wohl stets mit Dank daran, dafs die ewige Stadt *ihre Gröfse der Anhänglichkeit ans Privateigentum* verdankte. « Viele Völker haben gesiegt und erobert wie die Römer ; aber keines hat gleich dem römischen den gewonnenen Boden also im Schweifse seines Angesichts sich zu eigen gemacht und was die Lanze gewonnen hatte, mit der Pflugschar zum zweitenmal erworben. Was der Krieg gewinnt, kann der Krieg wieder entreifsen, aber nicht also was die Eroberung, die der Pflüger macht ; wenn die Römer viele Schlachten verloren, aber kaum je bei dem Frieden römischen Boden abgetreten haben, so verdanken sie dies dem zähen Festhalten der Bauern an ihrem Acker und Eigen. In der Beherrschung der Erde liegt die Kraft des Mannes und des Staates; die Gröfse Roms ist gebaut auf die ausgedehnteste und unmittelbarste Herrschaft der Bürger über den Boden und auf die geschlossene Einheit dieser also festgegründeten Bauerschaft. »[1])

---

1) Mommsen, l. c., I, S. 171.

Wohl sind langwierige und erbitterte Kämpfe um das Eigentum in Rom geführt worden. Allein weder der Antrag des Patriciers *Cassius*,[1]) noch die *Licinisch-Sextischen Gesetze*,[2]) welche die *Gracchen*[3]) erneuerten, *gefährdeten auch nur in geringsten das Privateigentum*. Sie stehen alle auf dem Boden, auf den Cicero,[4]) der sonst für die Bestrebungen dieser edlen Männer des Volkes kein Verständnis hat, sich gestellt mit dem Grundsatz: aequitas tollitur omnis, si habere suum cuique non licet. Nur hatten sie den Mut, gegen die Habsucht der Reichen aufzutreten und es offen auszusprechen, dafs der *ager publicus*, das *Staatseigentum*, *allen* Bürgern, und nicht blofs einer Anzahl derselben zu gute kommen müsse. Nach und nach war derselbe nämlich ausschliefslich in den Besitz weniger gelangt. Plutarch[5]) verstöfst nicht

---
1) « Cassius der Patrizier, dem es keiner in seinem Stande an Rang und Ruhm zuvorthat, brachte 268 (486 v. Chr.) an die Bürgergemeinde den Antrag, das Gemeindeland vermessen zu lassen, und es teils zum Besten des öffentlichen Schatzes zu verpachten, teils unter die Bedürftigen zu verteilen, d. h. er versuchte die Entscheidung über die Domänen dem Senat (der damals schon zur Okkupation frei gegebenen Hälfte aus Plebejern bestand) zu entreifsen und, gestützt auf die Bürgerschaft, dem egoistischen Okkupationssystem ein Ende zu machen.» (Mommsen, I, 279.)

2) « 376 (378 v. Chr.) wurde wieder in die sozialen Fragen weitergehende Bewegung durch die Licinisch-Sextischen Gesetze gebracht. Diese gingen dahin, keinen Bürger auf die Gemeindeweide mehr als 100 Rinder und 500 Schafe auftreiben und keinen von dem zur Okkupation frei gegebenen Domanialland mehr als 500 jugera (494 Morgen) in Besitz nehmen zu lassen, ferner die Gutsbesitzer zu verpflichten, unter ihren Feldarbeitern eine zu der Zahl der Ackersklaven im Verhältnis stehende Anzahl freier Arbeiter zu verwenden; endlich den Schuldner durch Abzug der gezahlten Zinsen vom Kapital und Anordnung von Rückzahlungsfristen Erleichterung zu verschaffen. Die Tendenz liegt auf der Hand: sie sollten den geringen Leuten den Mitgenufs der Bürgernutzungen, den leidenden Schuldnern Erleichterung, den arbeitslosen Taglöhnern Beschäftigung verschaffen.» (Mommsen, I, 294.)

3) « 621 (133 v. Chr.) beantragte Tiberius Sempronius Gracchus, es sollten die sämtlichen *okkupierten* und von den Inhabern ohne Entgeld benutzten *Staatsländereien* — die verpachteten berührte das Gesetz nicht — von Staatswegen eingezogen werden, jedoch mit der Beschränkung, dafs der einzelne Okkupant für sich 500 und für jeden Sohn 250, im Ganzen jedoch nicht über 1000 Morgen zu bleibendem und garantiertem Besitze solle behalten oder dafür Ersatz in Land in Anspruch nehmen dürfe. Für etwaige von den bisherigen Inhabern vorgenommenen Verbesserungen, wie Gebäude und Pflanzungen, scheint man Entschädigungen bewilligt zu haben. Das also eingezogene Domanialland sollte in Lose von 30 Morgen zerschlagen und diese teils an Bürger, teils an italische Bundesgenossen verteilt werden, nicht als freies Eigen, sondern als unveräufserliche Erbpacht, deren Inhaber das Land zum Feldbau zu benutzen und eine mäfsige Rente an die Staatskasse sich zu zahlen verpflichtet. Ein Kollegium von drei Männern ward mit dem Einziehungs- und Aufteilungsgeschäft beauftragt, wozu später noch der wichtige und schwierige Auftrag kam rechtlich festzustellen, was Domanialland, was Privateigentum sei.» (Mommsen, II, 86, 87.) « Gaius Gracchus that einen wichtigen Schritt hinaus über das Ackergesetz des Tiberius, indem er die Gründung von Kolonien namentlich in Tarent und vor allem in Capua beantragte, also auch das von Gemeindewegen *verpachtete* bisher von der Aufteilung ausgeschlossene Domanialland zur Verteilung mit heranzog. Bedeutender und folgenreicher war, dafs Gaius Gracchus zuerst dazu schritt, das italische Proletariat in den überseeischen Gebieten des Staates zu versorgen, indem er nach der Stätte, wo Karthago gestanden, 6000 Kolonisten sendete und der Stadt Junonina das Recht einer römischen Bürgerkolonie verlieh. Die Anlage war wichtig, aber wichtiger noch das Prinzip der überseeischen Emigration, womit für das italische Proletariat ein bleibender Abzugskanal und in der That eine mehr als provisorische Hilfe eröffnet ward.» (Mommsen, II, S. 105, 106.)

4) Cicero de Officiis, lib. II, XXII. Quod Apollo Pythius oraculum edidit, Spartam nulla re alia nisi avaritia esse perituram, id videtur non solum Lacedaemoniis, sed etiam omnibus opulentis populis praedixisse. Nulla autem re conciliari facilius benevolentiam multitudinis possunt ii qui reipublicae praesunt quam abstinentia et continentia. Qui vero se populares volunt ob eamque causam aut agrariam rem tentant ut possessores pellantur suis sedibus, aut pecunias creditas condonandas debitoribus putant, ii labefactant fundamenta reipublicae; concordiam primum, quae esse non potest, cum aliis adimuntur, aliis condonantur pecuniae; deinde aequitatem, quae tollitur omnis, si habere suum cuique non licet. Id enim est proprium, ut supra dixi, civitatis atque urbis, ut sit libera et non sollicita suae rei cujusque custodia... Quam autem habet aequitatem, ut agrum multis annis aut etiam saeculis ante possessum, qui nullum habuit, habeat; qui autem habuit, amittat?

5) V. Gracch.

gegen die geschichtliche Wahrheit, wenn er Gracchus auf offenem Markte klagen läfst: « Die wilden Tiere Italiens haben ihre Höhlen und ihr Lager, wo sie ausruhen können. Die Männer aber, die für Italiens Herrschaft gekämpft haben, besitzen nichts als den Genufs der Luft und des Tageslichtes, weil man ihnen dieses nicht rauben kann. Nur um anderen Reichtum, Glanz und schwelgerischen Genufs zu verschaffen, tragen sie das Schwert; sie haben die Welt besiegt, aber ihnen selbst gehört auch nicht eine einzige Scholle Land. »

Leider stiegen die so berechtigten Mafsregeln der Gracchen mit ihnen ins Grab; ja, 111 vor Chr. wurde ein Volksbeschlufs gefafst, nach welchem das *okkupierte Domanialland geradezu in zinsfreies Privateigentum der bisherigen Okkupanten umgewandelt ward*. In manchen Provinzen ging hiermit der ganze ager publicus in den Besitz einiger Familien über. Zudem gestattete das Gesetz das Aufkaufen der Kleinbesitzer; die freien Bauern verschwanden immer mehr, und es konzentrierte sich alles Vermögen in den Händen weniger Aristokraten. Als um das Jahr 104 der Volkstribun Lucius Marcius Philippus sein agrarisches Gesetz einbrachte, versicherte er: non esse in civitate duo milia hominum qui rem haberent.[1]) Pompejus verfügte über 70 Millionen Sesterzen (nahezu 16 Millionen Mark). Crassus, der reichste der Reichen, hatte am Ausgang seiner Laufbahn 39 Millionen Mark. Bei der ersten Einschätzung unter Augustus fand sich ein römischer Bürger, namens Claudius Isidorus, der 4116 Sklaven, 60 Millionen Sesterzen, 360,000 jugera und 257,000 Schafe besafs.[2]) Die ganze Thracische Halbinsel gehörte Agrippa.[3]) Die unermefslichen Ländereien im Norden Afrikas waren das Eigentum von sechs Patriziern, die Nero ermorden liefs. « Eines Tages, erzählt Epiktet,[4]) sah ich einen Mann zu den Füfsen des Epaphrodit, Nero's Freigelassenen. Er weinte, umfafste dessen Knie und klagte über seine Not; es bleibe ihm nichts mehr in der Welt als 1,500,000 Drachmen (900,000 Mark). » — « Armer Mann! rief Epaphrodit aus, und du hast nichts gesagt, du hast deine unglückliche Lage ertragen können! » Zur Zeit Senekas waren die Privatländereien so ausgedehnt, dafs er, ohne zu übertreiben, die Grofsgrundbesitzer fragen konnte: « Wie lange noch wollt ihr denn die Grenzen euerer Güter ausdehnen? Wie? eine Strecke, die sonst ein ganzes Volk gefafst, ist jetzt nicht mehr grofs genug für einen Mann? Wie weit wollet ihr euern Pflug führen, die ihr euch nicht einmal mit einer Provinz zufrieden gebet! Flüsse fliefsen für *einen* Herrn von ihrer Quelle bis zur Mündung; Ebenen, die sonst Reiche bildeten, sind die seinen. Allein dies ist euch nicht genug. Ein Meer mufs euern Besitz umspülen, der Bereich euerer Pächter mufs sich erstrecken über das ionische und adriatische Meer hinaus, Inseln müsset ihr haben, wo früher mächtige Fürsten herrschten, die ihr aber zu den kleinsten euerer Besitztümer rechnet. »[5]) Es war nicht möglich, diese ungeheueren Strecken durch Sklaven bebauen zu lassen. Den freien Plebejer wollte man nicht. Der gemeine Mann war somit auf die Staatsmittel angewiesen, um sich vor dem Verhungern zu schützen; im Vertrauen auf die Bereitwilligkeit der römischen Machthaber, sein Verlangen zu stillen, wenn er rufe: Panem et Circenses, ergab er sich der Bettlerfaulheit und dem bettlerhaften Wohlleben. Italien mufste um so mehr ausschliefslich Weideland werden, als der Osten auf den römischen Markt Erzeugnisse brachte, wie sie der Boden Italiens nicht liefern konnte. Andrerseits führten die zahllosen Bankerotte, welche die Verschwendung und Verschuldung der Aristokratie in ihrem Gefolge hatten, — Cäsar schuldete 62, nach Abzug seiner Aktiva 25 Millionen Sesterzen (5,700,000 Mark) — die plötzliche Entwertung der Grundstücke herbei. «In

1) Cic. de off., II, 21.
2) Plin., Hist. nat., XXIII, 9.
3) Dio Cassius, LVI, 29.
4) Epict., ap. Arrian. I, 26.
5) Seneca, ep. 49.

Folge dieser sozialen Zustände schwand der lalinische Stamm in erschreckender Weise, und legte sich über die schönen Landschaften teils die parasitische Einwanderung teils die reine Öde. — Es ist ein grauenvolles Bild, dieses Bild Italiens unter dem Regiment der Oligarchie. Zwischen der Welt der Bettler und der Welt der Reichen ist der verhängnifsvolle Gegensatz durch nichts vermittelt oder gemildert. Je deutlicher und peinlicher es auf beiden Seiten empfunden wird, je schwindelnd höher der Reichtum stieg, je tiefer der Abgrund gähnte, desto häufiger ward in dieser wechselvollen Welt der Spekulation und des Glücksspiels der einzelne aus der Tiefe in die Höhe, und wieder aus der Höhe in die Tiefe geschleudert. — Reichtum und Elend in innigem Bunde treiben die Italiker aus Italien und füllen die Halbinsel halb mit Sklavengewimmel, halb mit schauerlicher Stille.»[1]) Den Ruin Italiens hat mit bewunderungswertem Scharfsinn Plinius der Ältere erklärt, indem er sagt:[2]) *Latifundia perdidere Italiam jam vero et provincias.*

§ 4. — Die rechtsphilosophische Begründung des Privateigentums als sozialer Institution.

In den zwei vorhergehenden Kapiteln haben wir das *geschichtliche* Argument der Sozialisten, so weit es auf die Völker des klassischen Altertums angewandt worden ist, geprüft. Das Resultat dieser Untersuchungen läfst sich darin zusammenfassen, dafs die Annahme einer ursprünglichen Gütergemeinschaft, weit entfernt, ein wissenschaftliches Axiom zu sein, für die Griechen und Römer unhaltbar ist; dafs allerdings die kommunistischen Ideen bereits den Demagogen Athens dienten, die Massen zu verführen, dafs aber auch von der Bühne herab der Komiker Aristophanes diese wahnwitzigen Bestrebungen gegeifselt, dafs Plato einem ganz andern, viel ideellern Kommunismus huldigte, dafs in Aristoteles, dem Philosophen κατ' ἐξοχήν, dem Privateigentum eine herrliche Rechtfertigung geworden ist, dafs die praktischen Römer nie etwas von den neuern weltbeglückenden Systemen wissen wollten. Es bleibt uns nun noch übrig, die Einrichtung des Privateigentums *philosophisch zu begründen, dieselbe auf ein oberstes Prinzip zurückzuführen, aus welchem sie hervorgeht und ihre Berechtigung einleuchtend wird*. Doch haben wir hierbei das Eigentum als *soziale* Institution im Auge, und es ist nicht unsere Absicht, all die Titel aufzuzählen und zu erläutern, die in einem bestimmten Falle dem Eigentum den Charakter der Rechtmäfsigkeit verleihen können. Die verschiedenen Versuche, das Eigentum rechtsphilosophisch zu begründen, nennt man *Eigentumstheorien*.[3]) Die meisten derselben leiden an dem einen oder andern Fehler. Teils halten sie das *Eigentumsursprung* und das *Eigentumserwerbsrecht* nicht auseinander. Teils unterscheiden sie nicht zwischen dem *Eigentumsrecht in abstracto* oder *in potentia* und dem *Eigentumsrecht in concreto* oder *in actu*, dem Recht *auf* Eigentum (ad rem) und dem Recht *des* Eigentums (in re), dem Recht des *Eigentumserwerbes* und dem Recht des *erworbenen* Eigentums.

Zu den Eigentumstheorien ist, streng genommen, nicht zu rechnen die Beweisführung, welche die Notwendigkeit des Privateigentums auf die *Allgemeinheit* des Vorhandenseins desselben stützt, die Berufung auf die Thatsache, dafs es bei allen Völkern und zu allen Zeiten anzutreffen ist, dafs es mithin eine naturgemäfse Einrichtung des Menschengeschlechts sei, nach der Regel: quod ab omnibus, quod ubique, quod semper. «Le consentement universel est un signe infaillible de la nécessité et par conséquent de la légitimité d'une institution.»[4]) In der That ist bei keinem Stamm, so tief er auch inbezug auf Civilisation

---

1) Mommsen, l. c., III, S. 530, 532.
2) Hist. natur., XVIII, 7.
3) Vgl. Bruder, Staatslexikon der Görresgesellschaft, S. 500; de Laveleye, l. c., S. 542 f.; Hitze, l. c., S. 99 f.; Th. Meyer, «Die soziale Frage», S. 88 ff.
4) Léon Faucher, Dict. de l'écon. polit. «Propriété».

stehen mag, ausschliefslich Gemeineigentum nachzuweisen. « Ainsi », sagt Thiers,[1]) « le sauvage chasseur a du moins la propriété de son arc, de ses flèches, et du gibier qu'il a tué. Le nomade, qui est pasteur, a du moins la propriété de ses tentes, de ses troupeaux. Il n'a pas encore admis celle de la terre, parce qu'il n'a pas encore jugé à propos d'y appliquer ses efforts. Mais l'arabe, qui a élevé de nombreux troupeaux, entend bien en être le propriétaire, et vient en échanger les produits contre le blé qu'un autre arabe, déjà fixé sur le sol, a fait naître ailleurs. Il mesure exactement la valeur de l'objet qu'il donne contre la valeur de celui qu'on lui cède, il entend bien être le propriétaire de l'un avant le marché, propriété du second après. La propriété immobilière n'existe pas encore chez lui.... Peu à peu cependant le nomade se fixe et devient agriculteur, car il est dans le cœur de l'homme d'aimer à avoir son *chez-lui*, comme aux oiseaux d'avoir leurs nids, à certains quadrupèdes d'avoir leurs terriers. Il finit par choisir un territoire, par le distribuer en patrimoine où chaque famille s'établit, travaille, cultive pour elle et sa postérité. De même que l'homme ne peut laisser errer son cœur sur tous les membres de la tribu, et qu'il a besoin d'avoir à lui sa femme, ses enfants, qu'il aime, soigne, protège, sur lesquels se concentrent ses craintes, ses espérances, sa vie enfin, il a besoin d'avoir son champ, qu'il cultive, plante, embellit à son goût, enclôt de limites, qu'il espère livrer à ses descendants, couvert d'arbres qui n'auront pas grandi pour lui, mais pour eux. »

Form und Gestalt des Privateigentums haben jedoch zu den verschiedenen Zeiten geändert; dasselbe hat seine Geschichte, und würde der Sozialismus es nicht einseitig betonen, er hätte Recht, das Eigentum eine « historische Kategorie » zu nennen. Lassalle stellt das « Gesetz » auf: « So paradox die Behauptung auf den ersten Blick auch erscheinen mag, so besteht dennoch im Allgemeinen der kulturhistorische Gang aller Rechtsgeschichte eben darin, immer die *Eigentumssphäre des Privatindividuums zu beschränken*, immer mehr Objekte aufserhalb des Privateigentums zu setzen. »[2]) Diesen Gedanken weiter ausführend, läfst Rodbertus[3]) die Welt- und Eigentumsgeschichte in drei Perioden sich verlaufen: in die, wo noch Eigentum an *Menschen* bestand (Sklaverei), die, wo nur mehr Eigentum an *Grundbesitz und Kapital* existirt, endlich die dritte, kommende, wo es nur noch reines *Arbeits-, Verdiensteigentum* mehr geben wird. Doch spricht diese Verschiedenheit der äufsern Erscheinung nicht gegen die Sache selbst. Nur kann die Argumentation, die auf der Universalität des Eigentums fufst, nicht als eine Theorie angesehen werden, weil sie eine Thatsache blofs beobachtet und feststellt, ohne dieselbe zu erklären.

Nicht so verhält es sich mit der Behauptung Fustel de Coulanges',[4]) der das griechische Eigentum auf die *Religion* zurückführt, oder mit der Ansicht Lassalle's, das Privateigentum sei aus der *Sklaverei* entstanden, oder derjenigen von Marx, der es von der *Eroberung, Unterjochung, Raubmord,* kurz der *Gewalt* herleitet.[5])

Fustel hat Recht: in Griechenland ist das Eigentum innig mit der Religion verwachsen gewesen. Lassalle's Gedanke mag geistreich sein, er ist jedenfalls unerwiesen. Das Wort Marx' ist für viele Eigentümer keineswegs zu hart. In Griechenland endigten gewöhnlich die unseligen Streitigkeiten zwischen den Kindern *eines* Staates mit der Konfiskation der Güter der unterlegenen Partei. In Rom wurden während der Bürgerkriege vielfach die bisherigen Besitzer von ihren Gütern vertrieben. Aus dem Mittelalter ist das tolle Treiben der Raubritter bekannt. « Einen neuen furchtbaren Anstofs erhielt der gewaltsame Expro-

---

1) Thiers, De la propriété, p. 19.
2) System, I, S. 259 ff.
3) Brief an Prof. Wagner « Zeitschrift für die ges. Staatswissenschaft », 1878, S. 219.
4) Nouvelles recherches sur quelques problèmes d'histoire, p. 15—20. Quel était le principe du ̇droit de propriété chez les Grecs? Rapport entre la propriété et la religion.
5) Marx, Das Kapital, I, S. 680.

priationsprozefs der Volksmasse im 16. Jahrhundert durch die Reformation und, in ihrem Gefolge, den kolossalen Diebstahl der Kirchengüter. Die katholische Kirche war zur Zeit der Reformation Feudaleigentümerin eines grofsen Teils des englischen Grund und Bodens. Die Unterdrückung der Klöster u. s. w. schleuderte deren Einwohner ins Proletariat. Die Kirchengüter selbst wurden grofsenteils an raubsüchtige königliche Günstlinge verschenkt oder zu einem Spottpreis an spekulierende Pächter und Stadtbürger verkauft, welche die alten erblichen Untersassen massenhaft verjagten und ihre Wirtschaften zusammenwarfen. Das gesetzlich garantierte Eigentum verarmter Landleute an einem Teil der Kirchenzehnten ward stillschweigend konfisziert. «Pauper ubique iacet,»[1]) rief Königin Elisabeth nach einer Rundreise durch England. Die «glorious Revolution» brachte die grundherrlichen und kapitalistischen Plusmacher zur Herrschaft. Sie weihten die neue Ära ein, indem sie den bisher nur bescheiden betriebenen Diebstahl an den Staatsdomänen auf kolossaler Stufenleiter ausübten. Diese Ländereien wurden verschenkt, zu Spottpreisen verkauft, oder durch direkte Usurpation an Privatgüter annektiert. Alles das geschah ohne die geringste Beobachtung gesetzlicher Etiquette. Das so fraudulent angeeignete Staatsgut samt dem Kirchenraub, so weit er während der republikanischen Revolution nicht abhanden gekommen, bildet die Grundlage der heutigen fürstlichen Domänen der englischen Oligarchie.»[2]) Was hier von England gesagt wird, gilt auch für andere Nationen Europas. Allein, so wahr das alles auch ist, so ist es doch eine *geschichtliche* Wahrheit, die Aufschlufs giebt über den Ursprung des Eigentums in gewissen Fällen, es ist nicht eine Erklärung des *Eigentumserwerbsrechtes*.

Der Charakter einer rechtsphilosophischen Begründung ist nicht abzusprechen der Theorie der modernen Legisten, nach welchen das Eigentum in der *positiven menschlichen Gesetzgebung*, in der *Staatsgewalt* seine Quelle hat. «Wähnet nicht,» sagt Pascal, «euere Güter seien auf natürlichem Wege von euern Vorfahren auf euch übergegangen. Diese Einrichtung beruht einzig und allein auf dem Willen des Gesetzgebers, der zwar gute Gründe haben mochte, dies zu bestimmen, von denen aber keiner der ist, dafs ihr bereits ein natürliches Recht über jene Dinge besäfset. Damit will ich nicht gesagt haben, diese Güter gehörten euch nicht rechtmäfsig und es sei einem andern erlaubt, sich dieselben anzueignen; denn Gott, der Herr aller Dinge, hat der Gesellschaft die Gewalt gegeben, Gesetze behufs Verteilung der Güter zu machen, und bestehen diese Gesetze einmal, so wäre es eine Ungerechtigkeit, sie zu verletzen.»[3]) Ähnliche Aussprüche finden sich bei Montesquieu. «Comme les hommes,» heifst es bei ihm, «ont renoncé à leur indépendance naturelle pour vivre sous des lois politiques, ils ont renoncé à la communauté naturelle des biens pour vivre sous des lois civiles. Les premières lois leur acquirent la liberté, les secondes,

---

1) Ovid., Fasti, I, 218.
2) Marx, l. c., I, S. 686—689.
3) Discours sur la condition des grands, I. «Vous tenez, dites vous, vos richesses de vos ancêtres, mais n'est-ce pas par mille hasards que vos ancêtres les ont acquises et qu'ils les ont conservées? Mille autres, aussi habiles qu'eux, ou n'en ont pu acquérir, ou les ont perdues, après les avoir acquises. Vous imaginez-vous aussi que ce soit par quelque voie naturelle que ces biens ont passé de vos ancêtres à vous? Ce n'est pas véritable. Cet ordre n'est fondé que sur la seule volonté des législateurs qui ont pu avoir de bonnes raisons, mais dont aucune n'est prise d'un droit naturel que vous ayez sur ces choses. S'il leur avait plu d'ordonner que ces biens, après avoir été possédés par les pères durant leur vie, retourneraient à la république après leur mort, vous n'auriez aucun sujet de vous en plaindre.
Ainsi tout le titre par lequel vous possédez votre bien n'est pas un titre de nature, mais d'un établissement humain. Un autre tour d'imagination dans ceux qui ont fait les lois vous aurait rendu pauvre, et ce n'est que cette rencontre du hasard qui vous a fait naître avec la fantaisie des lois favorable à votre égard, qui vous met en possession de tous ces biens. Je ne veux pas dire qu'ils ne vous appartiennent pas légitimement, et qu'il soit permis à un autre de vous les ravir; car Dieu, qui en est le maître, a permis aux sociétés de faire des lois pour les partager; et quand ces lois sont une fois faites, il est injuste de les violer.»

la propriété. »¹) Mirabeau sagt während der Debatten « sur l'égalité des successions en ligne droite » in einer Rede, die Talleyrand am 12. April 1791 in der Constituante vorlas, da Mirabeau Tags zuvor gestorben war: « Il faut voir si la propriété existe par les lois de la nature, ou si elle est un bienfait de la société …. Si nous considérons l'homme dans son état originaire, il ne peut avoir de droit exclusif sur aucun objet de la nature; car ce qui appartient également à tous n'appartient réellement à personne. Il n'est aucune partie du sol, aucune production spontanée de la terre, qu'un homme ait pu s'approprier à l'exclusion d'un autre homme. Ce n'est que sur son propre individu, ce n'est que sur le travail de ses mains, sur la cabane qu'il a construite, sur l'animal qu'il a abattu, sur le terrain qu'il a cultivé, ou plutôt sur la culture même et sur son produit, que l'homme de la nature peut avoir un vrai privilège ; dès le moment qu'il a recueilli le fruit de son travail, le fonds sur lequel il a déployé son industrie, retourne au domaine général et redevient commun à tous les hommes. — *Voilà ce qu'enseignent les premiers principes des choses.* C'est le partage des terres fait et consenti par les hommes rapprochés entre eux, qui peut être regardé comme l'origine de la vraie propriété ; et ce partage suppose, comme on voit, une société naissante, une convention, une *loi réelle* …. Nous pouvons donc regarder le droit de propriété, tel que nous l'exerçons, comme une création sociale. Les lois ne protègent pas, ne maintiennent pas seulement la propriété ; *elles la font naître* en quelque sorte, elles la déterminent, elles lui donnent le rang et l'étendue qu'elle occupe dans les droits du citoyen. »²)

Tronchet, einer derjenigen Rechtsgelehrten, die am meisten an der Ausarbeitung des Code civil sich beteiligt haben, sagte ebenfalls : « La propriété, dans l'état de la nature, est moins un droit qu'un fait ; elle est d'autant moins un droit qu'elle résulte de la force. Ce sont les *lois conventionnelles* qui sont la véritable source du droit de propriété. »³) « La propriété, » so drückt sich Robespierre aus, « est le droit qu'a chaque citoyen de jouir de la portion des biens qui lui est garantie par la loi. »⁴)

Diese Anschauung wird auch von Touillier in seinem Kommentar zu dem französischen Civilrecht vertreten. Bentham sagt : « Ich kann nur auf die Versicherung des schützenden Gesetzes hin auf den Genufs dessen rechnen, was ich als das meinige ansehe. Eigentum und Gesetze sind zusammen entstanden und fallen auch mit einander. Vor den Gesetzen, kein Eigentum ; nehmt die Gesetze weg, und jedes Eigentum hört auf. » Warnkönig, Stahl, Walter, Destutt de Tracy und Laboulaye teilen dieselbe Meinung. Der letztere sagt in seiner «Histoire de la propriété en Occident»: « La détention du sol est un fait que la force seule fait respecter, jusqu'à ce que la société prenne en main la cause du détenteur. Les lois ne protègent pas seulement la propriété, elles la font naître …. Le droit de propriété n'est point naturel, mais social. » Selbst sehr bedeutende Theologen bekennen sich zu dieser Ansicht. « Otez le Gouvernement, sagt Bossuet ⁵), la terre et tous ses biens sont aussi communs entre les hommes que l'air et la lumière. Selon ce droit primitif de la nature, nul n'a de droit particulier sur quoi que ce soit et tout est en proie à tous. Dans un gouvernement réglé nul n'a droit de rien occuper …. De là est né le droit de propriété, et, en général, tout droit doit venir de l'autorité publique. » Thatsächlich leiten, wie Maynz ⁶) richtig bemerkt, die drei Gesetzgebungen, die sich Europa teilen, die römische, die germanische, die slavische, das Eigentumsrecht einzig vom Staate ab. Auf die Spitze getrieben, macht diese Theorie das Staats-

---

1) Esprit des lois, liv. XXVI, chap. XV.
2) Hist. parl. de la Rév., T. IX, p. 285–299.
3) Sitzung der Constituante vom 5. April 1791. Hist. parl. de la Rév., T. IX, p. 302 et 303.
4) Hist. parl. de la Rév., T. IX, p. 299–302.
5) Polit. tirée de l'Ecrit., l. I, art. 3, 4ᵉ propos.
6) Römisches Recht, S. 682.

oberhaupt zum Herrn aller Güter seiner Unterthanen. Als solche erachten sich die Despoten des Orients. Ludwig XIV. schreibt an seinen Enkel: « Tout ce qui se trouve dans l'étendue de nos États, de quelque nature qu'il soit, nous appartient au même titre. Vous devez être bien persuadé que les rois sont seigneurs absolus, et ont naturellement la disposition pleine et libre de tous les biens qui sont possédés aussi bien par les gens d'Église que par les séculiers, pour en user en tout comme de sages économes ».[1] In seinem politischen Testament sagt Louvois : « Sire, tous vos sujets, quels qu'ils soient, vous doivent leur personne, leurs biens, leur sang, sans avoir droit de rien prétendre. En vous sacrifiant tout ce qu'ils ont, ils font leur devoir et ne vous donnent rien, puisque tout est à Vous. » Friedrich der Grofse entgegnet dem Müller von Sans-Souci : « Parbleu ! de ton moulin c'est bien être entêté !
Je suis bon de vouloir t'engager à le vendre :
Sais-tu que, sans payer, je pourrais bien le prendre ?
Je suis le maître. »[2]

Die Anhänger dieser Lehre berufen sich zunächst auf den hl. *Thomas.* Der Engel der Schule zählt nämlich das Eigentumsrecht dem *jus positivum* bei. « Dicendum, sagt er, quod communitas rerum attribuitur iuri naturali, non quia ius naturale dictet omnia esse possidenda communiter, et nihil esse quasi proprium possidendum ; sed quia secundum ius naturale non est distinctio possessionum, sed magis secundum humanum condictum, quod pertinet ad *jus positivum*, ut supra dictum est. »[3] Die Stelle, auf die hier verwiesen wird, rechnet das Eigentumsrecht zum *jus gentium*, das der hl. Thomas vom *jus naturale* unterscheidet [4] und in das *jus positivum* einbegreift. [5] Die Schwierigkeit, die sich hieraus ergiebt, löst sich leicht durch eine einfache Unterscheidung. [6] Quoad *principium*, jus gentium est iuris humani ; quoad *materiam*, est iuris naturalis. Das ius gentium ist jener Teil des Naturrechtes, der auch *öffentlich anerkanntes* und *insofern positives, menschliches* Recht ist. Was zum ius gentium gehört, gehört auch inhaltlich zum ius naturale, aber nicht alle Bestimmungen des Naturrechtes werden in das ius gentium aufgenommen. So gehört die Forderung der völligen Unauflöslichkeit der Ehe zum Naturrecht, aber nicht zum ius gentium. Übrigens läfst sich noch ein weiterer Grund geltend machen, aus welchem die Eigentumsinstitution zum positiven menschlichen Recht gezählt werden kann. Das Naturgesetz fordert im allgemeinen, dafs es Privateigentum gebe. Näheres hat das Naturgesetz nicht bestimmt. Die Ausführung dieses allgemeinen Gesetzes, dessen Ergänzung, die Bestimmung, wie im einzelnen Privateigentum notwendig sei und wie es erworben werden könne, bleibt dem positiven Gesetze überlassen.

Auch das Zeugnis der *Geschichte* beanspruchen die Legisten für ihre Eigentumstheorie. Es ist richtig, dafs die obrigkeitliche Eigentumszuteilung in der Rechtsgeschichte eine häufig vorkommende Erscheinung

---

1) Oeuvres de Louis XIV, t. II, p. 93.
2) Andrieux : Le Meunier de Sans-Souci.
3) Summa theol., qu. 66, art. 2 (ad primum).
4) II, II qu. 57, art. 3, Conclusio : *Dicendum quod ius sive iustum naturale est quod ex sui natura est adaequatum vel commensuratum alteri. Hoc autem potest contingere dupliciter : uno modo secundum absolutam sui considerationem, sicut masculus ex sui ratione habet commensurationem ad feminam, ut ex ea generet ; et parens ad filium, ut eum nutriat. Alio modo aliquid est naturaliter alteri commensuratum, non secundum absolutam sui rationem, sed secundum aliquid quod ex ipso sequitur, puta proprietas possessionum ; si enim consideretur iste ager absolute, non habet unde magis sit huius quam illius ; sed si consideretur per respectum ad opportunitatem colendi, et ad pacificum usum agri, secundum hoc habet quandam commensurationem ad hoc quod sit unius, et non alterius, ut ipatet per Philosophum* (Polit., lib. II, cap. 3). *Absolute autem apprehendere aliquid non convenit homini, sed etiam aliis animalibus. Et ideo ius quod dicitur naturale, secundum primum modum, commune est nobis et aliis animalibus. A iure autem naturali sic dicto recedit ius gentium, quia illud omnibus animalibus, hoc solum hominibus inter se commune est. Considerare autem aliquid, comparando ad id quod ex ipso sequitur, est proprium rationis ; et ideo hoc idem est naturale homini secundum rationem naturalem, quae hoc dictat.*
5) I, II, qu. 95, art. 4.
6) Vgl. Cathrein, Philos. Jahrbuch, II, 4.

ist. Das gelobte Land wurde den Juden nach Stämmen und Familien verliehen; von der κληροδοσία oder κληρουχία ist im zweiten Kapitel dieser Arbeit die Rede gewesen; die Könige und Fürsten germanischer Völker teilten das eroberte Land als Lehen unter ihre Mannen. An diesen historischen Fakta kann nicht gerüttelt werden. Sie bezeugen den Ursprung einer gewissen Kategorie Eigentum, aber sie sind doch offenbar nicht so zu deuten, als ob der Staat allein Erwerbsrecht habe und verleihe.

Neben diesem Autoritäts- und historischen Beweis kommt noch der eigentliche *philosophische* Beweis zur Verwendung. Derselbe ist aber so oberflächlich, daß es von vorneherein ausgeschlossen ist, als ob der hl. Thomas Anhänger dieser Lehre sein könne. Die Legisten verwechseln die *äufsere Rechtssicherheit mit dem Rechte selbst, die Machtfrage mit der Rechtsfrage.* «Der Eigenbesitz, sagen sie, hätte ohne die Anerkennung durch das positive Gesetz äufserlich keine genügende Garantie seines Bestandes, also — beruht er als Rechtsinstitut auf dem positiven Gesetze!» — «Jawohl, ungefähr auf dieselbe Weise, wie auch das persönliche Recht jedes Menschen, in der Gesellschaft zu existieren, auf dem Gesetze beruht. Damit man den Unmenschen gegenüber, deren es immer welche gibt, seines Lebens sicher sei, mufs es eine Polizei geben; nichts begreiflicher als das. Wie nun? Soll ich etwa daraus schliefsen: Ich habe nur insofern ein Recht zu existieren, als es öffentliche Sicherheitsorgane gibt, dasselbe zu schützen und nicht vielmehr umgekehrt: Weil ich ein natürliches Recht habe, unbehelligt zu existieren, mufs es solche Sicherheitsorgane geben, und sie müssen die Pflicht haben, mich zu schützen?»[1])

Die Theorie, die wir hier besprechen, geht von einer total irrigen Voraussetzung aus. Sie ist nur *eine* Seite des trotz seiner Ungeheuerlichkeit vielfach zum Glaubensartikel des Staatsrechts gewordenen Satzes: *Der Staat ist die Quelle alles Rechtes* oder, was ungefähr dasselbe ist: «Das Recht hat seinen letzten Grund in der Gesamtüberzeugung des Volkes.»[2]) *Legal* und *Recht* sind dieser Schule Begriffe, die sich vollständig decken. Die angeborenen Rechte werden geleugnet. Das Recht wird durch das Staatsgesetz geschaffen, und nur dasjenige ist wirkliches Recht, was durch einen Mehrheitsbeschlufs zu solchem erhoben worden ist. Weder das Naturgesetz noch das göttliche Gesetz werden anerkannt. Und doch hat es schon Sophokles den Tyrannen gegenüber ausgesprochen, dafs das Naturrecht über das Staatsrecht stehe und dafs ein positives Gesetz nur dann ein gerechtes zu nennen sei, wenn es der Idee der Gerechtigkeit, die Gott uns ins Herz geschrieben, entspricht. Kreon, der Tyrann von Theben, hatte Antigone es als ein Verbrechen vorgehalten, dafs sie gegen sein ausdrückliches Verbot den Leichnam ihres im Kampfe gefallenen Bruders bestattet, und sie gefragt: Wie konntest du es wagen, diese Gesetze zu übertreten? Da antwortet sie mutig dem Tyrannen: «Allerdings wagte ich, deine Satzung zu überschreiten; denn nicht etwa hatte Zeus mir diesen Befehl verkündet, noch vertragen sich solche Satzungen mit dem, was Dike gebietet, die Beiwohnerin der unterirdischen Götter, die Vertreterin der Rechte der Toten. Deine Anordnungen konnte ich nicht so hoch anschlagen, dafs du, ein sterblicher Mensch, imstande wärest, dich über die ungeschriebenen und ewig feststehenden Gesetze der Götter hinwegzusetzen. Denn sie sind nicht heute und gestern in Kraft, sondern immerdar, und niemand weifs, seit wann sie bekannt sind.»[3]) Nein,

---
1) Meyer, l. c., S. 100.
2) Öffentliche These der juristischen Fakultät von Wien, 26 Juli 1864.
3) Antigone 450—457:

οὐ γάρ τί μοι Ζεὺς ἦν ὁ κηρύξας τάδε,
οὐδ᾽ ἡ ξύνοικος τῶν κάτω θεῶν Δίκη
τοιούσδ᾽ ἐν ἀνθρώποισιν ὥρισεν νόμους·
οὐδὲ σθένειν τοσοῦτον ᾠόμην τὰ σὰ
κηρύγμαθ᾽, ὥστ᾽ ἄγραπτα κἀσφαλῆ θεῶν
νόμιμα δύνασθαι θνητὸν ὄνθ᾽ ὑπερδραμεῖν.
οὐ γάρ τι νῦν γε κἀχθές, ἀλλ᾽ ἀεί ποτε
ζῇ ταῦτα, κοὐδεὶς οἶδεν ἐξ ὅτου ᾽φάνη.

das Gesetz schafft nicht das Recht. Das Recht soll das Gesetz machen. Eine Wahrheit wird dies nicht erst dann, wenn sie formuliert wird, und so ist auch etwas gut oder schlecht, gerecht oder ungerecht, auch bevor ein Gesetz es als solches erklärt.

Das Privateigentum auf *Staatsrechtssatz* und nicht auf *Natursatz* stellen, hat aber auch höchst bedenkliche Folgen, auf die nicht ohne Grund *Ahrens* [1]) hingewiesen hat. Ist das Privateigentum nichts weiter als eine künstliche Zweckmäfsigkeitsschöpfung, so ist es veränderlich und hinfällig wie alles Menschliche. Hat der Staat es ins Leben gerufen, so darf auch die Mehrheit des Volkes es abschaffen.

Verwandt mit der Legal- ist die *Vertrags*theorie. Grotius, Pufendorf, Heinecius, Thomasius, J. G. Fichte leiten die Einführung des Eigenbesitzes, wie den Ursprung der bürgerlichen Gesellschaft überhaupt, von *einem ausdrücklich oder stillschweigend eingegangenen Vertrag* der Erdbewohner ab.

Ein Übereinkommen von solcher Tragweite wie dieses mufs doch wenigstens deutliche Spuren in der Tradition der Völker, im Bewufstsein der Menschheit zurückgelassen haben. Und doch ist jede Erinnerung an einen ähnlichen Vertrag erloschen.

Übrigens konnte die Sache von den ersten Menschen nicht endgiltig für alle künftigen Generationen abgemacht werden. Ist das Übereinkommen ungerecht gewesen, hat es unsere Interessen geschädigt, so bindet es uns nicht mehr, und dann ist der Bestand des Privateigentums ernstlich in Frage gestellt. Ist es gerecht gewesen, ist es, wie Kant es darstellt, nicht ein historisches Faktum, sondern eine soziale Naturnotwendigkeit, die sich jedem der auf einander folgenden Geschlechter aufdrängt, die in der Weltordnung selbst begründet liegt, so ist der zur Erklärung des Eigentums herangezogene Vertrag überflüssig und bedeutungslos geworden.

Im Gegensatz zur Legal- und Vertragstheorie, welche die Eigentumseinrichtung, ja die ganze Rechtssphäre zu etwas Äusserlich-Mechanischem macht, verknüpft die *Arbeitstheorie* den Eigentümer mit seinem Besitz durch ein viel innigeres Band, stellt eine viel engere Beziehung zwischen beiden her, läfst das Eigentumsrecht nicht erst mit der Gesellschaft und durch sie werden, sieht es als ein ursprüngliches Recht an, das der Staat seinerseits anzuerkennen und zu wahren hat. Als System ist sie zuerst von Locke [2]) entwickelt worden. Nach ihm kann der Mensch nichts mehr zu eigen besitzen als seine Person, seine Fähigkeiten, seine Organe. Eigentümer seiner selbst, seiner Fähigkeiten, der Werkzeuge dieser Fähigkeiten, seiner Füfse, seiner Hände, seiner Arme, wird er auch Eigentümer seiner Arbeit, welche die Objekte ihrer Thätigkeit umgestaltet, deren Wert schafft oder erhöht. Von dem Gebrauchsrecht auf die eigene Person schreitet Mercier de la Rivière fort zum Recht auf den Besitz von Mobiliargütern, der sich dann erweitert zum Grundeigentum. « Prenons les choses de haut, sagt Thiers [3]), pour ne rien laisser d'inexploré. Regardons d'abord à notre personne, et le plus près d'elle que nous pourrons. Mon vêtement est bien près de moi ; je pourrai, si je l'ai tissu ou payé à celui qui l'a tissu, prétendre qu'il est à moi. Mais je veux commencer de plus près encore l'examen de ce qui m'appartient ou ne m'appartient pas, et je m'arrête à considérer mon corps, et, dans mon corps, le principe vivant qui l'anime. Je sens, je pense, je veux : ces sensations, ces pensées, ces volontés, je me les rapporte à moi-même .... Je me distingue de tout le reste de la création, et je sens que je m'appartiens à moi-même .... Je crois pouvoir dire, sans être ni un tyran ni un usurpateur : La première de mes propriétés, c'est moi, moi-même. Cette reconnaissance opérée, je regarde mes pieds, mes bras, mes mains, et je dis : Ces pieds, ces bras, ces mains sont à moi, incontestablement à moi.

---

1) Rechtsphilosophie. Wien 1852. S. 454, ff.
2) Civil government, § 4.
3) l. c., S. 25, ff.

C'est là une première propriété incontestable, impartageable, à laquelle personne n'a jamais songé à appliquer la loi agraire; dont personne n'a jamais songé à se plaindre ni à moi, ni à la société, ni à ses lois; pour laquelle on peut m'envier, me haïr, mais dont on ne songera jamais à m'enlever une partie pour la donner à d'autres, et pour laquelle on ne fera de querelle qu'à Dieu en l'appelant Dieu injuste, Dieu méchant, Dieu impuissant, reproches au-dessus desquels il saura probablement se mettre....

De l'exercice de ces facultés naît une seconde propriété, consistant dans les biens de ce monde, moins adhérente à son être, mais plus respectable, s'il est possible, car la première lui vient de la nature, et celle-ci de son travail, et, par cela même qu'elle est moins adhérente, ayant besoin d'être formellement garantie par la société, pour que l'homme, certain de posséder le fruit de ses efforts, travaille avec confiance et ardeur. »

Hiermit hängt auch zusammen die Definition Bastiat's, der das Eigentum als den Austausch eines Dienstes gegen einen andern erklärt. « Gewisse Dinge, sagt er [1]), bleiben infolge providentieller Bestimmung Gemeingut, weil es unsererseits keiner Anstrengung bedarf, sie für unsern Gebrauch zu verwerten, und deshalb eigenen sie sich nicht zu irgend einer Dienstleistung, können sie nie Privateigentum werden, dessen Grundlage das Recht der Menschen ist, sich gegenseitig Dienste zu leisten. Was der Sozialismus zum Gemeingut haben will, ist nicht das Geschenk Gottes, es ist das Erzeugnis menschlicher Anstrengung. Er verlangt, dafs ein jeder die Frucht seiner Arbeit zur Gesamtmasse trage, und er stellt es alsdann der Centralgewalt anheim, alles billig unter alle zu verteilen. Hier steht nun der Kommunismus vor der Alternative: entweder geschieht diese Verteilung im Verhältnis zu den Beiträgen oder nach einem andern Mafsstab. Im ersten Falle gelangt er notwendigerweise wieder bei den Zuständen der heutigen gesellschaftlichen Ordnung an, nur ist die Freiheit aller durch die Willkür eines einzigen ersetzt. Schlägt man ein anderes Verfahren ein, so ist die Frage: Welches? Etwa die Gleichheit? Die Gleichheit, die keine Rücksicht nimmt auf Mühe und Anstrengung, ist die schreiendste Ungleichheit, die schnödeste Ungerechtigkeit. Der Sozialismus verkennt die Natur des Menschen. Die Anstrengung ist für uns nichts Angenehmes. Wir lassen uns dazu bestimmen, wenn ein Bedürfnis zu befriedigen, ein Schmerz zu stillen, ein Gut zu erreichen ist. Die Triebfeder bei unserer Arbeit ist das persönliche Interesse. »

Seitdem Smith den Grundsatz aufgestellt, *die Arbeit allein sei Grund und Quelle alles Wertes und mithin auch alles Reichtums*, führen die meisten Volkswirtschaftslehrer das Eigentum auf Arbeit zurück. Indem sie das rührige Treiben, das rastlose Arbeiten der Menschen auf allen Gebieten beobachten, finden sie in dem *Zuthun des Menschen* den wichtigsten Faktor bei den Zustandekommen der Güter der Erde, und sie ziehen den Schlufs: *Wie die Wirkung ihrer Ursache folgt, so folgt die Frucht der Arbeit als rechtmäfsiges Eigentum demjenigen, der die Arbeit verrichtet hat*. Der Mensch, der den Boden urbar macht, drückt demselben, so zu sagen, seinen Stempel auf. Der Fleifs des ersten Bebauers hat die Gestalt des wüsten Erdreiches völlig geändert, aus Wildnis hat er fruchtbares Ackerfeld gemacht, er hat ein Haus in die Einöde baut, und da die Frucht seiner Anstrengung gröfstenteils unmöglich vom Boden zu trennen ist, mit ihm selbst eins ist, entspricht es der Gerechtigkeit, dafs das ihm zu eigen gehöre, was der Landwirt im Schweifse seines Angesichtes geschaffen hat.

Bei aller Hochschätzung der persönlichen Arbeit darf aber nicht aufser Acht gelassen werden, dafs *der Bearbeitung das Eigentum an Grund und Boden, am Rohstoff vorangeht*, dafs jedes Arbeitsprodukt immer nur *ungeformtes Naturprodukt* ist. Wie kann die Arbeit die Quelle jeglichen Eigentums sein, da sie doch ohne einen Gegenstand ihrer Bethätigung nichts erzielen kann?

---

1) VI, S. 255, 261.

Es giebt Eigentum, das die Frucht der Arbeit ist; nicht selten jedoch darben gerade die, welche sich am meisten abmühen, und schwelgen im Überflufs die Trägen und Faulenzer. Die Eigentümer der Produktionsmittel und Produkte sind nicht die Arbeiter, sondern die Kapitalisten.

« Wenn man wählen müfste, sagt John Stuart Mill [1]), zwischen dem Kommunismus und allen seinen Chancen und dem gegenwärtigen Gesellschaftszustand mit all seinen Leiden und Ungerechtigkeiten ; wenn die Institution des Privateigentums es als notwendige Folge mit sich brächte, dafs das Ergebnis der Arbeit sich so verteile, wie wir es jetzt sehen, fast im umgekehrten Verhältnis zur Arbeit, dafs die gröfsten Anteile denjenigen zufallen, welche überhaupt nie gearbeitet haben, die nächstgröfsten denen, deren Arbeit beinahe nur nominell ist, und so weiter hinunter, indem die Vergütung in gleichem Verhältnis zusammenschrumpft, wie die Arbeit schwerer und unangenehmer wird, bis endlich die ermüdendste und aufreibendste Arbeit nicht mit Gewifsheit darauf rechnen kann, selbst nur den notwendigsten Lebensbedarf zu erwerben ; wenn, sagen wir, die Alternative wäre : dies oder Kommunismus, so würden alle Bedenklichkeiten des Kommunismus, grofse wie kleine, nur wie Spreu in der Wagschale sein. »

« Der ehemalige Geldbesitzer schreitet voran als Kapitalist, der Arbeitskraftbesitzer folgt ihm nach als sein Arbeiter; der eine bedeutungsvoll schmunzelnd und geschäftseifrig, der andere scheu, widerstrebsam, wie jemand, der seine eigene Haut zu Markt getragen und nun nichts anderes zu erwarten hat als die Gerberei. »[2])

Die Arbeitstheorie erscheint schon deshalb verdächtig, weil den Sozialisten, deren Stellung zum Privateigentum hinlänglich bekannt ist, das reine Arbeitseigentum ihr Ideal ist,[3]) weil Marx, der in seinem « Kapital » zwar nicht schlechtweg die Aufhebung des Privateigentums, aber seine nahezu vollständige Enteerung angestrebt hat, die in den Waaren « festgeronnene » Arbeit die wertbildende Substanz nennt und als einzigen Messer des Tauschwertes der Dinge, von deren Gebrauchswert er gänzlich absieht, die in denselben « vergegenständlichte » oder « krystallisirte » Arbeit annimmt.

Mit der Arbeitstheorie steht im Zusammenhang die Zurückführung des Eigentums auf das wirtschaftliche Interesse. Die Vertreter dieser Lehre sehen in dem Privateigentum den mächtigsten Sporn für Fleifs und Tüchtigkeit und das geeignetste Mittel, möglichst viel zu produzieren. « Das Grundeigentum, sagt Mill,[4]) mufs seine Berechtigung anderswo nachweisen können, als in dem Recht des Arbeiters auf das Produkt seiner Arbeit. Die Erde ist nicht die Schöpfung des Menschen, und die Aneignung eines reinen Geschenkes der Natur, das dem einen nicht mehr gehört als dem andern, ist auf den ersten Blick eine Ungerechtigkeit dem Menschengeschlechte gegenüber ... aber die Aneignung der Erde vonseiten des einzelnen ist allen zu gute gekommen. Denn das gröfste Interesse der Menschheit und des Menschengeschlechtes besteht darin, dafs die Erde so viele Nahrungsmittel hervorbringe als möglich, so viel als möglich produziere, was den Menschen notwendig oder nützlich sei. Hierzu ist eine mühevolle Pflege und viele vorher ersparte Produkte erfordert. Die Erfahrung hat aber gelehrt,. dafs die meisten Menschen viel intensiver arbeiten und gröfsere Opfer an Geld bringen für sich und ihre unmittelbaren Nachkommen als für die

---

[1]) Polit. Ökonomie, bei Bebel, l. c., S. 288.
[2]) Marx, I, S. 139.
[3]) Vgl. Hefs, Deutsches Bürgerbuch, S. 36 : « Es gibt ein anderes Eigentum, lügenhaft und nichtig, ein Schatten, ein Phantom, ein Schein vom Eigentum —: wie ein toter Leichnam das Phantom eines lebendigen, beseelten Körpers ist. Wir meinen das vom Produzenten, von seiner Seele getrennte Produkt. Dieses tote Eigentum ist das jetzt bestehende, welches für heilig und unantastbar erklärt wird. Dieses Eigenthum, dieses scheinbare Vermögen ist deshalb in der politischen Welt, was Gott in der religiösen Welt ist.
[4]) Examiner, 19 Juli 1873. »

Gesellschaft im allgemeinen. Mit Hinsicht auf die Produktion hat man daher dem einzelnen ein ausschliefsliches Recht auf den Boden überlassen. Das ist die beste Rechtfertigung des Privateigentums, die man geben kann.»

Es ist nicht zu leugnen, dafs das Privateigentum, bei dem der *Eigenwille ungehemmt*, das *Eigeninteresse vollwaltend* ist, die denkbar gröfste Gewähr ist, dafs die von den einzelnen unternommene Produktion sich der möglichst wirtschaftlichen Verwendung nähere, welche Schäffle findet in dem *geringsten Kostenaufwand*, dem *gröfstmöglichen Nutzen*. Aber mit der Produktion ist es eben nicht abgemacht. Im Gesellschaftsleben handelt es sich nicht nur um *Herstellung* der Befriedigungsmittel, «es tritt das ebenso wichtige, wenn nicht wichtigere Moment der *Verteilung* der hergestellten Güter hinzu.»[1]) Die Theorie des wirtschaftlichen Interesses leidet an einer *zu einseitigen wirtschaftlichen Betrachtung des Menschen*. Das ist doch wohl nicht der Idealstaat, in dem die Menschen möglichst viele materielle Güter produzieren. Schon Plato hat seiner Republik die Tugend als Ziel gesteckt, und derjenige ist der beste Staat, der die weisesten, die besten, die tugendhaftesten Bürger aufzuweisen hat. —

Nimmt man das Wort «*Arbeit*» in dem weitesten Sinne, so dafs *es jegliche, nicht blofs die güterschaffende, mühevolle Thätigkeit* bezeichnet, so gehört zur Arbeitstheorie auch die Okkupationstheorie. «Quod enim nullius est, id ratione naturali occupanti conceditur.»[2]) Das ist für die neuern sowohl wie für die römischen Rechtsgelehrten der hauptsächlichste Titel des Eigentumserwerbs. Und doch reicht die *Okkupation, für sich allein betrachtet*, nicht hin zur rechtsphilosophischen Begründung des Eigentums.

«L'occupation,» bemerkt de Laveleye,[3]) «est un fait résultant du hasard, ou de la force. Nous sommes trois dans une île assez grande pour nous nourrir, si nous avons chacun part égale; mais si, étant plus agile, j'en occupe les deux tiers, l'un des deux autres devra-t-il ou mourir de faim ou devenir mon esclave?»

Um die Besitzergreifung zu rechtfertigen, haben Cicero[4]) und nach ihm Reid und Thiers[5]) die Erde mit einem Theater verglichen, in dem man sagen dürfe, der Platz, den ein jeder besetzt habe, sei der seinige. — Das Beispiel pafst nicht zu dem, was man beweisen will. Die Zuschauer sind nicht Eigentümer, sondern nur Besitzer, Inhaber eines Rechtes, das dauert, bis das Stück zu Ende ist. Ferner wird jedem ja nur *ein* Platz eingeräumt. Dann ist der Theaterbesuch nicht wie die Erhaltung des Lebens etwas Notwendiges; er ist in der Regel etwas Nützliches, hie und da etwas Indifferentes, häufig auch etwas Schlechtes.

«Das Grundeigentum hat bereits gleichsam von Natur aus einen Geleitsbrief, dafs es der Allgemeinheit vorbehalten bleiben soll, und es entspricht der Gerechtigkeit und einer vernünftigen Weltordnung, dafs solches geschieht.»[6]) «Es ist für niemanden,» sagt Mill, «eine Bedrückung, ausgeschlossen zu sein von dem, was andere hervorgebracht haben. Allein es ist eine Bedrückung, auf Erden geboren zu werden, und alle Gaben der Natur schon vorher in ausschliefslichen Besitz genommen und keinen Raum für den neuen Ankömmling frei gelassen zu finden.»[7]) — Inhaltlich ist dieser Einwand nur ein

---
1) Schäffle, Bau und Leben des sozialen Körpers, III, S. 288.
2) Dig. de acquir., rerum dominio, 41, 1.
3) l. c., S. 545.
4) De nat. deor., III, 74: Theatrum cum commune sit, recte tamen dici potest eius eum locum esse quem quisque occupavit.
5) l. c., S. 98.
6) Samter. Das Eigentum, S. 455.
7) John Stuart Mill, Principles of political economy., book II, Ch. II, § 6, p. 142.

Sophismus, der aber mit der Okkupationstheorie allein nicht siegreich zu widerlegen ist, da die Erde beschränkt und das Grundeigentum nicht beliebig vermehrbar ist.

Barth geht zu weit, zieht nur *einen* Faktor in Betracht, vergleicht einen Vorteil, den der Zufall in den Schofs des Glücklichen wirft, mit dem Verdienst, das der Geistesanstrengung des Talentes und des Genies gebührt, wenn er die Besitzergreifung folgendermafsen verteidigt: «Vor jeder Okkupation hatte der Grund und Boden überhaupt noch keinen Tauschwert. Mit der Okkupation, mit dem Festhalten des Okkupierten, mit dem Sefshaftwerden erlangt der Boden erst seinen Wert. Es hat somit die Grundrente, worauf bereits Schäffle in seinen geistreichen Untersuchungen über die Grundrente, welche er auch treffend Prioritätsrente nennt, aufmerksam gemacht, eine entschiedene Ähnlichkeit mit dem aus der ausschliefslichen Ausnutzung gemachter Erfindungen entspringenden Gewinn. Was in diesem letzteren Falle das Verdienst der Erfindung, ist bei der Grundrente das Verdienst der Okkupation.»[1]

Hitze's Rechtfertigung der Okkupation ist ganz richtig, aber sie *gebraucht als Postulat das abstrakte Eigentumsrecht.* « Die Berechtigung der Besitzergreifung,» sagt er, «liegt klar zu Tage: es ist nur die Realisierung des angeborenen, abstrakten Eigentumsrechts. Oder was steht dem entgegen? Das Recht der noch ungewordenen Generation? Dann würde es ja nie aktuell werden können, müfsten die Menschen dabei verhungern. Und wie kann man einer blofs in der Idee existierenden Generation reale Rechte zuschreiben? Und wie beschränkten Personen unbeschränktes, die ganze Welt umfassendes Eigentum?»[2]

Die Okkupationstheorie pafst für den ursprünglichen Erwerb des Eigentums, aber dieser Titel ist nur vollberechtigt, wenn man ihn durch einen andern ergänzt, wenn man hinzufügt, dafs es so der Wille Gottes gewesen. Hiermit sind wir bei dem *tiefsten* Grunde des Eigentums angelangt, der es zurückführt bis auf die *prima causa*, der viel *allgemeiner* ist als der von allen Eigentumstheorien angeführt, der im Gegensatz zur Arbeitstheorie erklärt, wie auch der Arbeitsunfähige, das Kind, der Kranke Eigentümer sein können: wir meinen den *Willen des Schöpfers und Ordners* aller Dinge. Aus dem *Plane der Vorsehung* läfst sich das natürliche Recht der Menschen auf Privateigentum erweisen. Dies ersehen wir, wenn wir den Menschen betrachten als *Einzelwesen,* in Beziehung zur *Familie,* in seinem Verhältnis zur gesamten Menschheit, zur *Civilisation,* deren Grundgesetz steter Fortschritt ist.

Das Eigentumsrecht des Menschen erstreckt sich allerdings nicht auf das *Wesen* der Dinge. Dies untersteht allein der göttlichen Allmacht, von deren Wink alles abhängt, und so ist Gott der Oberherr von allem, das dominium principale ist ihm vorbehalten.[3] Den *Gebrauch* der Dinge hat er dem Menschen überlassen. Durch die ganze Schöpfung geht das Gesetz, dafs das Niedere des Höhern wegen da ist. Luft, Licht, Wärme, die Pflanzen der Felder, die Früchte der Bäume, kurz die Erzeugnisse der Erde *geniefsen nicht, sie werden genofsen.* Das Tier *geniefst,* hat aber *kein Eigentum.* Es hat nur das sinnliche Vermögen, wird durch Einzeleindrücke beherrscht, es ist auf den engen Bereich dessen, was ihm *gegenwärtig* ist, angewiesen, über diese Grenze kommt es nicht hinaus. « Weit davon verschieden ist die Natur des Menschen. In ihm findet sich einerseits das Wesen des Tieres in seiner Ganzheit und Vollkommenheit, und so besitzt er wie dieses das Vermögen sinnlichen Genufses, aber seine Natur geht nicht in einer tierischen auf, man mag sich letztere noch so vervollkommnet denken; er erhebt sich hoch über die tierische Seite seiner selbst und macht sich diese dienstbar. Was den Menschen adelt und ihn zu der ihm eignen Würde erhebt, das ist der vernünftige Geist; dieser verleiht ihm seinen Charakter als Mensch und trennt ihn seiner ganzen Wesenheit nach vom Tiere.»[4] Eben weil des Menschen Geist die ganze Schöpfung be-

---

1) Barth, l. c., S. 21.
2) l. c., S. 105.
3) S. Thomas, Summa theol. II, II qu. 66, art. 1.
4) Leo XIII, Encyclika über die Arbeiterfrage.

herrscht, weil er mit seiner Vernunft nicht blofs für Einzeleindrücke, für das Gegenwärtige empfänglich ist, weil er mit seinem Denken unzählige Gegenstände umfafst, aus den gegenwärtigen die zukünftigen erschliefst, sind ihm irdische Güter *nicht zum blofsen Gebrauche* anheimgefallen wie dem Tiere, sondern er hat *persönliches Eigentumsrecht*, Besitzrecht nicht nur auf Dinge, die beim Gebrauche verzehrt werden, sondern auch auf solche, welche nach dem Gebrauche bestehen bleiben.

Zielt die ganze Schöpfung auf den Menschen als ihren König hin, so ist umgekehrt der Mensch auf die Schöpfung angewiesen. Er ist nicht reiner Geist, er hat auch eine leiblich-sinnliche Seite, mit welcher er in der Erde wurzelt. Sobald nun Gott diesem leiblich-geistigen Wesen das Leben gibt, will er auch, dafs es erhalten, entwickelt und entfaltet werde. Für diese Bedürfnisse mufs er die Mittel schaffen, und zwar hat dies in einer *dem Wesen des Menschen entsprechenden Weise* zu geschehen. Für das Tier hat Gott gesorgt, indem er ihm den Instinkt eingepflanzt; den Menschen aber hat er mit dem *liberum arbitrium*, mit *Freiheit*,[1]) ausgerüstet erschaffen. Der Mensch ist Herr seiner Handlungen; nach eigenem Ermessen bestimmt er nach dem ewigen Gesetze und unter der Leitung der allweisen Vorsehung die Erhaltung und Entwickelung seiner selbst. Es liegt darum in seiner Macht, unter den Dingen diejenigen auszuwählen, die er zu seinem eigenen Wohle nicht blofs für die Gegenwart, sondern auch für die Zukunft als die erspriefslichsten erachtet. « Hieraus folgt, dafs es Rechte auf persönlichen Bodenbesitz geben mufs; es müssen Rechte erworben werden können nicht blofs auf Eigentum an Erzeugnissen des Bodens, sondern auch auf *Eigentum am Boden* selbst. Was dem Menschen nämlich sichere Aussicht auf künftigen Fortbestand seines Unterhaltes verleiht, das ist nur der Boden mit seiner Produktivkraft. Immer unterliegt der Mensch Bedürfnissen; sie wechseln nur ihre Gestalt; sind die heutigen befriedigt, so stellen morgen andere ihre Anforderungen. Die Natur mufs dem Menschen demgemäfs eine bleibende, unversiegliche Quelle zur Befriedigung dieser Bedürfnisse angewiesen haben, und eine solche Quelle ist nur der Boden mit den Gaben, die er unaufhörlich spendet. »[2])

Homo animal sociale. Die erste und natürlichste Gemeinschaft ist die der Ehe. Kein menschliches Recht kann dem Menschen das natürliche und ursprüngliche Recht auf die Ehe entziehen. Das *Eigentumsrecht* nun, das dem Menschen als Einzelwesen zukommt, *gewinnt an Energie im Familienhaupte*, insofern der Mensch sich im häuslichen Kreise gleichsam ausdehnt, indem der Vater sich in den Kindern reproduziert, in ihnen fortlebt. Die Bedürfnisse haben sich mehrt, er mufs sorgen für die Gattin, mufs an die Zukunft der Kinder denken, mufs sie schützen vor Elend, sie möglichst sicher stellen gegen irdische Wechselfälle. Es ist darum gewifs nicht zufällig, wenn die meisten bedeutenden Beispiele von Gütergemeinschaften unter Ehelosen vorgekommen sind.

---

1) Huet, le Règne social du christianisme, liv. III, chap. V:

« Sans propriété point de liberté, répètent à l'envi publicistes, économistes, hommes d'État. Rien de plus incontestable. Aussi la propriété ou le droit de considérer comme sienne une portion déterminée des choses, d'en jouir et d'en disposer à son gré, sauf le respect des droits d'autrui, constitue toujours un des fondements essentiels de la société véritable.

Ou les mots n'ont plus de sens ou mettre la propriété au nombre des droits naturels signifie que le titre originel d'investiture pour les biens de la terre est la qualité de l'homme : que la qualité d'homme engendre par elle seule et immédiatement un droit à une quantité déterminée de ces biens : première propriété qui devient pour chacun la source, le fondement et le moyen de toutes les autres.

C'est la plus irrécusable conséquence du droit de vivre. Ce droit n'est-il pas égal ; la nécessité des choses pour vivre n'est-elle pas la même pour tous ? Nul assurément ne doit vivre aux dépens d'autrui, mais l'homme qui n'a pas démérité a droit de vivre libre ; il a droit à ce que sa subsistance, son travail ne dépendent pas du bon plaisir des autres. »

2) Leo XIII, l. c.

Zu diesen Gründen, die sich aus der Natur des Menschen und der Familie ergeben, kommt noch hinzu das *Interesse der Gesellschaft*. Wie dieses das Privateigentum erheischt, resumiert [1]) der hl. Thomas nach Aristoteles so : primo quidem quia *magis sollicitus* est unusquisque ad procurandum aliquid quod sibi *soli competit, quam id quod est commune omnium* vel *multorum*, quia unusquisque laborem fugiens, relinquit alteri id quod pertinet ad commune, sicut accidit in multitudine ministrorum ; alio modo, quia *ordinatius res humanœ tractantur*, si singulis imminet propria cura alicujus rei procurandæ ; esset autem confusio, si quilibet indistincte quælibet procuraret ; tertio, quia per hoc magis *pacificus status* hominum conservatur, dum unusquisque re sua contentus est. Unde videmus quod inter eos qui communiter et ex indiviso aliquid possident, frequentius jurgia oriuntur.

Das Privateigentum *unterhält die Liebe zur heimischen Erde*; der Kollektivismus führt Freizügigkeit herbei, die unwirtliche Gegenden schnell entvölkert.

Das Privateigentum fördert den *Fortschritt*. « Les inventeurs, depuis Prométhée qui trouva le feu, Triptolème qui inventa la charrue, jusqu'à Parmentier qui importa en Europe la pomme de terre, dans l'ordre agricole, de même que Watt et Arkwright et tant d'autres dans l'ordre industriel, portent tous des *noms propres.* »[2]) Selbst Proudhon ist dieser Unterschied in der Initiative des einzelnen und derjenigen der Volksmasse nicht entgangen. « J'observe, » sagt er, « que la vie sociale se manifeste d'une double manière, conservation et développement. Le développement s'effectue par l'essor des énergies individuelles ; la masse est de sa nature inféconde, passive et réfractaire à toute nouveauté. C'est, si j'ose employer cette comparaison, la matrice, stérile par elle-même, mais où viennent se déposer les germes créés par l'initiative privée, qui, dans la société hermaphrodite, fait véritablement fonction d'organe mâle. »[3]

Angesichts der Absichten Gottes, die aus dem ganzen Schöpfungsplan und speziell aus dem Wesen des Menschen deutlich zu erkennen sind, darf der hl. Thomas wohl behaupten : « *impium* est et erroneum asserere hominem non posse quidpiam proprium habere, quoad potestatem procurandi et dispensandi ».[4])
Aber Gott der Herr hat doch dem ganzen Menschengeschlecht die Erde zur Nutzniefsung übergeben, indem er zu Adam und Eva als unsern Stammeltern gesprochen : « Erfüllet die Erde und unterwerfet sie, und seid Herr über die Fische des Meeres und die Vögel des Himmels und über alle lebendigen Wesen, so sich regen auf Erden. Sieh ! Ich habe euch gegeben alles 'Kraut, das Samen trägt auf Erden und alle Bäume.... ». [5] — Gott hat die Erde der Gesamtheit überlassen nicht in dem Sinne, als solle sie Kollektiv-

---

1) l. c., qu. 66, art. II.
2) Leroy-Beaulieu, le Collectivisme, p. 119.
3) Contradictions économiques, 4e édition, t. 1er, p. 223. Cathrein (l. c., S. 151) bemerkt hierzu richtig : Nehmen wir an, ein Sozialist habe eine wichtige neue Entdeckung gemacht. Nun handelt es sich darum, dieselbe praktisch zu verwerten. Unter Voraussetzung des Privateigentums geht dies sehr leicht von statten. Hat der Erfinder Kapital oder gelingt es ihm, einen einzigen Kapitalbesitzer zu gewinnen, so wird die Entdeckung bald ihren Weg durch die Welt machen, wofern sie sich bewährt. Anders im Sozialismus. Hier mufs jeder Entdecker sich entweder an die oberste Leitung der Produktion oder aber direkt an das Volk wenden, und die Mehrheit der Abstimmenden für sich zu gewinnen suchen. Das dürfte aber keine geringe Schwierigkeit bieten. Nur schwer sind ganze Körperschaften für Neuerungen zu gewinnen, namentlich wenn die Mitglieder kein Privatinteresse daran haben und zur Uebernahme neuer Arbeiten gezwungen werden. Handelt es sich z. B. um neue Maschinen, Heizungs- oder Beleuchtungsapparate, Bauten, Fahrstrafsen, Kanäle, Tunnels und dgl., so kostet die Neuerung vorderhand eine grofse Vermehrung des nationalen Arbeitspensums. Wird man sich zu solchen Neuerungen verstehen ? Wir fürchten, selbst Einrichtungen, die schon von vornherein ganz zweifellos grofse Vorteile versprechen, würden nicht eingeführt werden, um wie viel weniger jene viel zahlreicheren, bei denen erst wiederholte Versuche notwendig sind, um sich von ihrer Vortrefflichkeit zu überzeugen.
4) l. c., qu. 66, art. 2, conclusio.
5) Gen., I, 28 und 29.

eigentum bleiben, sondern insofern er selbst die Teilung nicht vorgenommen hat, diese vielmehr den von den Völkern zu treffenden Einrichtungen anheim gegeben hat, so dafs der hl. Augustin mit Recht sagt: «Quod hæc villa sit mea et illa tua, est ex *iure imperatorum*»[1]; dann aber auch insofern er *allen* Menschen ohne Unterschied das Recht auf Eigentum verliehen hat.[2]

Die Notwendigkeit des Privateigentums ist eine Folge der *Natur* des Menschen, der *Bedürfnisse* des einzelnen und der Familie. Allein für diese könnte der Staat, wie der Sozialismus es will, ja ebenso gut, noch besser sorgen, als es unter den jetzt bestehenden Verhältnissen geschieht! — *Der Mensch ist älter als der Staat*, und er besafs das Recht auf Erhaltung seines körperlichen Daseins, ehe es einen Staat gegeben. *Sowohl der Idee nach als in Wirklichkeit ist die Familie früher als die bürgerliche Gemeinschaft*, und so haben auch ihre Rechte den Vortritt, weil sie der Natur näher stehen.

Eine solche Staatsfürsorge könnte nur in einer dem Menschen widersprechenden Weise geschehen, und darum ist eine kollektivistische Organisation der Gesellschaft, so schön sie auch ausgearbeitet sein mag, *psychologisch* unmöglich. Sie setzt bei allen Menschen einen Gemeinsinn[3] voraus, wie er sich bei den Engeln, aber nicht bei uns selbstsüchtigen Adamskindern im allgemeinen findet. Wie sie es auch anfangen will, sie beschränkt die *Freiheit* und begeht damit einen Mord an einem unveräufserlichen Menschenrechte. Selbst wenn es dem Sozialismus möglich wäre, die Freiheit der *Bedarfsbestimmung*[4]

---

1) Tract. V, in Joan.
2) Vgl. Lessius de iustitia et iure, lib. II, cap. V, dubit. 2 : Omnia dicuntur iure naturæ communia partim *negative* quia ius naturæ divisiònem non fecit aut præcepit; partim *positive*, quia *omnibus* potestatem fecit utendi quavis re et dominii capiendi, priusquam ab aliquo sit occupata, quod ius etiam nunc durat.
3) « Wir können uns die Wirkungen des Gemeinsinnes so denken, dafs alle Bürger Ihres Zukunftsstaates durch die *wahre Liebe* mit einander verbunden sein werden. Sie (Sozialdemokraten) könnten alsdann das Privateigentum ruhig bestehen lassen... Aber Sie könnten es auch abschaffen.... Auf dem vorbezeichneten Wege besitzen Sie einen Bundesgenossen, wie ihn mächtiger und einflufsreicher für die Geschicke der Menschheit die Weltgeschichte nicht kennt, das *Christentum*.. Das Christentum predigt nur die Liebe auf Millionen von Altären, und ist die gröfste Macht der Welt... Wenn aber der Strom gläubiger Begeisterung, der in dem Christentum tagtäglich über den ganzen Erdball dahinrauscht, noch nicht die Gemüter der Menschen von den Schlacken *des Eigennutzes* zu reinigen vermocht hat, wie wollen Sie es da mit dem immerhin wohlgemeinten Zureden der Sozialdemokratie versuchen, die an Ausdehnung und Tiefe gegen den breiten, gewaltigen Strom religiöser Anschauungen nur ein ganz winziges Bächlein ist?... Die wissenschaftliche Nationalökonomie ist darauf angewiesen, die Menschen ganz nüchtern so zu nehmen, wie sie dermalen sind, sie erklärt deshalb den Eigennutz für die *alleinige*, nach andern für die *wichtigste* Triebfeder alles wirtschaftlichen Handelns.... Während aber die bürgerliche Nationalökonomie den Eigennutz des Menschen als die Triebfeder ihrer wirtschaftlichen Handlungen ansieht, glaubt der Sozialismus dem Gemeinsinn diese Rolle zuteilen zu dürfen.... Dieser Unterschied zwischen Eigennutz und Gemeinsinn kommt uns vor, als wenn zwei Kunstkenner, vor einem farbenreichen Gemälde stehend, sich darüber streiten, ob die Grundfarbe rot oder grün sei, während der unbefangene Beobachter einfach eine prächtige, in den verschiedensten Farben schillernde Landschaft sieht. » (Schæfer, S. 14, 16, 17, 71.)
4) Schæfer, l. c., S. 53. « Es ist meine Freiheit, die mir zu Gebote stehenden Genufsmittel selber oder mit meinen Freunden oder mit meiner Familie zu verzehren oder sie aufzubewahren, wenn ich heute nicht geniefsen will, vielleicht um mir an einem spätern Tage einen desto gröfsern Genufs zu verschaffen, sie sogar wie ein Hamster in gröfseren Vorräten aufzuspeichern, um nicht mehr Freude am Besitz als am Genufs habe oder sonst einen Zweck dabei verfolge, einen sparsamen Mittagstisch zu führen, um desto besser gekleidet oder ab und zu in das Theater gehen zu können, oder was der Mensch sonst für ein Steckenpferd reitet, auch ganz auf persönliches Vergnügen zu verzichten, wenn es mir mehr Freude macht, meine Schätze mit andern zu teilen. Meine Freiheit ist es auch oder ihnen eine höhere Ausbildung zu verschaffen, kurz und gut die Freiheit, meinen Haushalt und was damit zusammenhängt, mein Familienleben und die Erziehung meiner Kinder einzurichten, wie ich will. Schäffle sagt hierüber: Hebt der Sozialismus diese Freiheit auf, so ist er freiheitsfeindlich, aller Individualisation, daher aller Gesittung entgegen und ohne alle Aussicht, mit den unvertilgbarsten Trieben des Menschen jemals fertig zu werden. Die eine praktische Grundfreiheit, die privaten Einkünfte nach freiem Belieben individuell zu verwenden, wäre allein uns für alle möglichen Vorteile der Sozialreform nicht feil.»

und der *Berufswahl*[1]) zu retten, « immer bleibt bei der durchweg eingeführten Kollektivarbeit der Stein des Anstofses, dafs *jeder* unter einer Majorität arbeiten *mufs*. Nicht sich unter eine Majorität stellen, sondern sich unter eine Majorität stellen müssen, darin liegt die Beschränkung der individuellen Freiheit ».[2]) « Das von den Sozialdemokraten geforderte Gesamteigentum des mobilen Kapitals und die auf diesen Staats-Genossenschaftsbesitz basirte « Organisation der Arbeit » bedingt ohne allen Fehl die Organisation der reichsten aller Arbeitsquellen, der *geistigen Thätigkeit*, und aus deren « Organisation » folgt unausbleiblich des weitern die geistige Vormundschaft und mit dieser die geistige Starrheit, der *wissenschaftliche Tod*. Was soll *geschrieben*, *gedruckt*, *erfunden* werden, was soll als *nützliche Erfindung* gelten ? Hier sitzt die Achillesferse des Gedankens der « Organisation der Arbeit ». »[3])

Das Privateigentum, nicht blofs als Nutzeigentum, sondern auch als Produktiveigentum, mufs die Grundlage der gesellschaftlichen Einrichtung bleiben. Neben ihm ist noch Raum genug für die Entwicklung des genossenschaftlichen und des Staatseigentums. Gewisse Zweige des Betriebes, wie Strafsen und Wege, Eisenbahnen, Forstkultur gehören nicht in den Bereich der Privatverwaltung.

Aus dem Prinzip des Privateigentums folgt aber keineswegs die unbedingte Rechtfertigung der bestehenden Eigentumsverhältnisse,[4]) deren Signatur ein herzloser *Egoismus* ist. « Wenn der einseitige und rücksichtslose Egoismus der Individuen, der die Seele des römischen Eigentumsbegriffes ist, als oberstes Gesetz anerkannt und in mafsloser Weise überspannt wird, so erliegt er seinen eigenen Consequenzen, und derselbe Egoismus, welcher in der Regel als Vertreter des Eigentums erscheint, zeigt sich nun auch als Angreifer des Eigentums. »[5])

Das Eigentum hat aber nicht blofs einen *individuellen*, sondern auch einen *gesellschaftlichen* Charakter. « Quantum ad *usum*, » bemerkt der hl. Thomas, « non debet homo habere res exteriores ut proprias, sed ut *communes*, ut scilicet de facili aliquis eas communicet in necessitate aliorum. »[6]) So verbindet die christliche Auffassung den *Kollektivismus* mit dem *Individualismus*, und eine solche Einrichtung des Eigentums ist die vollkommenste. Deshalb besteht die Lösung der sozialen Frage zum Teil in der *Neu-*

---

1) Cathrein l. c. (S. 125-141) zeigt nach, dafs die Auswege *Schäffle's*, *Bellamy's*, *Bebel's*, *Marx's* die Freiheit der *Berufswahl* zu wahren nicht imstande sind. Bebel und Marx meinen, es werde einst gelingen, einen jeden durch allseitige Entwickelung zu allen gesellschaftlichen Verrichtungen zu befähigen. Selbst Paulsen, der dem Sozialismus wohlwollend gesinnt ist, wird das zu arg. Er schreibt (System der Ethik, S. 738) « Also in Zukunft wird ein und derselbe Mann heute Briefe und Pakete austragen, morgen die Büreaugeschäfte eines Postamtes führen, übermorgen als Generalpostmeister — doch wozu Titel ? also schlechtweg die Geschäfte übernehmen, die heutzutage der Leiter des Reichspostamtes in der Hand hat, Vorlagen für Weltpostcongresse vorbereiten u. s. w., um endlich am vierten Tage zum Schalter zurückzukehren und am fünften wieder Briefe auszutragen, diesmal aber nicht in Berlin, sondern in Stallupönen. Und ebenso wäre es im Eisenbahnwesen, ebenso im Berg- und Hüttenwesen oder in einer Maschinenfabrik zu halten ; einen Tag über oder unter der Erde Kohlen schleppen, Eisen hämmern, Billets coupiren, Rechnungen machen, u. s. w. »

2) Samter, Das Eigentum, S. 425, 428.

3) Lindwurm, das Eigentumsrecht, Vorrede, VIII. Schaefer, l. c. S. 47 : « Ich will nicht von den Starken sprechen, die ein glühender Wissensdurst und Thätigkeitsdrang von ihrem Posten wegtreibt und die bei den zahllosen Hindernissen in ihrem Zukunftsstaate wie gefangene Löwen an ihren Ketten rasseln würden. »

4) Vgl. v. Ihering : der Zweck im Recht, S. 516 : « Es wird eine Zeit kommen, wo das Eigentum eine andere Gestalt an sich tragen wird als heute, wo die Gesellschaft das angebliche Recht des Eigentümers, von den Gütern dieser Welt beliebig viel zusammenzuscharren, ebenso wenig mehr anerkennen wird als das Fehderecht, den Strafsenraub der Ritter und das Standrecht des Mittelalters. »

5) Bluntschli, Staatswörterbuch, III, 347 (1858).

6) l. c., qu. 66, art. II.

belebung des christlichen Geistes. Das genügt jedoch nicht, um die gegenwärtigen Gährungen zu beschwichtigen. Ein jeder Mensch, auch der Arbeiter, hat Recht auf Eigentum, das nur begrenzt ist durch den bereits erworbenen Besitz und das kraft des Selbsterhaltungsrechtes in extrema necessitate aus einem jus ad rem zu einem jus in re wird.[1]) Bis dahin ist dieses unverjährte Menschenrecht zu vielfach rein *abstrakt* geblieben. Der *Staat* hat nun die Mittel und Wege zu schaffen, dafs es in gröfserem Mafsstabe *konkret* werde. « Die möglichst grofse Verallgemeinerung des Eigentums ist nicht blofs ein wünschenswertes Ziel der Eigentumsordnung, sondern zugleich auch die wirksamste Sicherstellung des Eigentums. »[2])

« *Etwas mufs er sein eigen nennen,*
Oder der Mensch wird morden und brennen. »[3])

---

1) S. Thomas, l. c., qu. 66, art. 75. Ea quæ sunt iuris humani, non possunt derogare iuri naturali vel iuri divino. Secundum autem naturalem ordinem ex divina providentia institutum, res inferiores sunt ordinatæ ad hoc quod ex his subveniatur hominum necessitati. Et ideo per rerum divisionem et appropriationem ex iure humano procedentem, non impeditur quin hominis necessitati sit subveniendum ex huiusmodi rebus. Et ideo res quas aliqui superabundanter habent, ex naturali iure debentur pauperum sustentationi. Unde Ambrosius dicit (serm. 64 de Temp. sub fin.) : « Esurientium panis est quem tu detines ; nudorum indumentum est quod tu recludis ; miserorum redemptio et absolutio est pecunia quam tu in terram defodis. » — Sed quia multi sunt necessitatem patientes, et non potest ex eadem re omnibus subveniri, committitur arbitrio uniuscujusque dispensatio propriarum rerum, ut ex iis subveniat necessitatem patientibus. — Si tamen adeo sit evidens et urgens necessitas, ut manifestum sit instanti necessitati de rebus occurrentibus esse subveniendum (puta cum immineat personæ periculum, et aliter subveniri non potest), tunc licite potest aliquis ex rebus alienis suæ necessitati subvenire, sive manifeste sive occulte sublatis ; nec hoc proprie habet rationem furti vel rapinæ.

2) Bruder, l. c. ; Samter, l. c. ; de Laveleye, l. c.

3) Schiller, Wallensteins Lager, II. Auftr. Erster Kürassier.